王立研究所

ファラデーとマクスウェル

・人と思想

後藤　憲一　著

115

CenturyBooks　清水書院

目次

ファラデー・マクスウェル関連地図

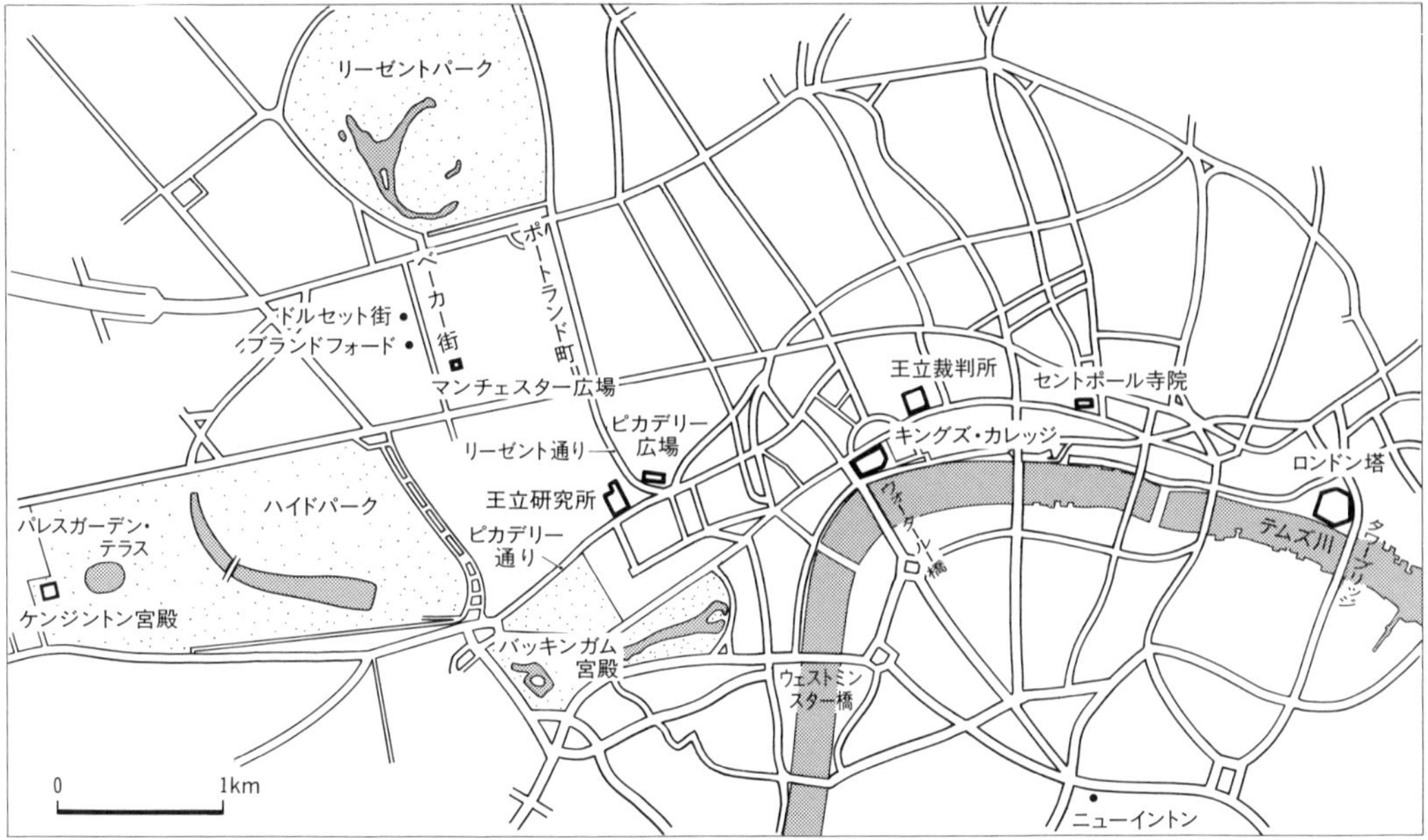
リーゼントパーク
ポートランド町
ベーカー街
ドルセット街
ブランドフォード
マンチェスター広場
ピカデリー広場
リーゼント通り
王立研究所
ピカデリー通り
ハイドパーク
パレスガーデン・テラス
ケンジントン宮殿
バッキンガム宮殿
ウェストミンスター橋
ウォータールー橋
王立裁判所
キングズ・カレッジ
セントポール寺院
ロンドン塔
テムズ川
タワーブリッジ
ニューイントン
0
1km

ロンドン

ファラデーとマクスウェルによって人類にもたらされた恩恵―序にかえて―

我々が今日のような高度の文明と文化の中に生きることができるのも、ややもすれば忘れがちなことではあるが、実に多くの先人の恩沢によるものである。なかでも、ファラデーとマクスウェルから人類が受けている恩恵は、次に述べるように、極めて顕著なものがある。

電気文明への道を拓く

人類が「火」の存在を知り、やがてそれを使いこなすすべを知ったとき、その生活と地位は格段に進展した。

このように人類の生活に火がもたらされたと同じような意味で、人類の生活に「電気」をもたらしたのは、ファラデーであるといえる。電気の現象は勿論ファラデー以前にも知られていたが、それは実験室とか、少数の好き者の手慰みのようなもので、生活には無関係なところで行われていた。電気が人々の生活の手段として使いこなされるようになるに至る契機を与えたのはファラデーである。

ファラデーの発見した電磁誘導によって、水力などから電流を発生させることができるようになり、変圧器を作って発電所から工場や家庭に電気を送ることができるようになり、さらに電気から動力を得ることができるようになったのである。ファラデーは電気文明への道を拓いた人ということができる。

また、情報化社会に生きる我々としては、「電波」によって大きな恵みを受けている。例えば、毎日見ているテレビや、遠隔地からの情報の伝達は電波によって可能となり、さらに宇宙のかなたまで人工衛星を導くことができるのも電波によるものである。

この電波は、マクスウェルが、ファラデーの考えをもとにして完成した基礎理論から、その存在を予言し、その予言にもとづいて、ヘルツが行った実験によって確認されたものである。それ以前には電波というものがあることさえ誰も知らなかったのであり、また何かの偶然によって電波が発見されたのでもなく、マクスウェルの予言に導かれることによって初めて人類は電波というものにめぐりあうことができたのである。

このように、我々が電気や電波の利用から受けている恵みがどれだけ大きいかについては、電気や電波のない世界を想像してみれば直ちに知ることができよう。そして、我々がファラデーやマクスウェルから受けている恩恵がいかに大きいかが実感されるであろう。

電磁気現象の本質を捉える

古代ギリシアでは、まず魂と魂でない（形のある）ものとの二つに分け、フュジカは後者をさすものであった。そのフュジカを扱う近代化された学問フィジックスすなわち物理学は、生命現象を除いた自然現象を扱うものである。

その物理学の領域で、まず確立されたのはニュートンの力学法則である。これは、自然現象にはそれを律する法則があることを初めて示したもので、大変重要な意義をもつものであった。そして、もう一つの基本として、これに対比されるものが、マクスウェルの見出した電磁法則である。

物体が起こす物理現象は、ニュートンの理論とマクスウェルの理論とをもとにして理解することができ、この二つは物理学の基本をなす二本柱である。この二つが基本となるのは、物体の間に起こる現象での力の作用は、力学的な力と電気磁気的な力がもとになっているからである（ここに、物体というときは、核子や中間子などの基本粒子は含めないことにする）。

ファラデーは電気磁気の実験をしているうちに、そこに起こる現象を理解するためには、電気や磁気をもつ物体が空間に影響を与え、その状態が空間を伝わって行って他の電気や磁気をもつ物体の場所に達し、それらに作用すると考えるほうが理解しやすいことに気づいた。このような電気磁気的な影響を受けた空間を（電気磁気的な）「場」という。

マクスウェルはこの考えを受けつぎ、このような場がどのように発生し、どのように（電気磁気を帯びた）物体に作用するかについての法則を見出すことに成功した。これがマクスウェルの電磁法則である。そして、その法則を表わす方程式を調べているうちに、そこに波が発生し得ることに気づいた。その波（すなわち電磁波）が実在することは、ヘルツによって実験で示された（マクスウェルの死後九年目であった）。

場の考えは、二十世紀に入って、電子や中間子などの（原子核を構成する程度の）基本的粒子の現象を理解するのに重要な方法となり、現在の基礎物理学の基本概念となっている。この場の概念を初めて考えついたファラデーの功績と、現象を場の考えを用いて表わすという方法によって（電磁気的）現象を律する法則を見出したマクスウェルの功績とは誠に偉大なものである。

その時代

以上で、ファラデーとマクスウェルとを一緒にまとめて取り上げようとするわれわれの意図について、御理解いただけたかと思うが、これから、ファラデーとマクスウェルの物語りを始めるにあたって、まずその時代について述べておこう。

ここで話題になるのは、ファラデーが生れた一七九一年からマクスウェルが亡くなった一八七九年までの八十八年間のことであるが、ファラデーの後半生とマクスウェルの前半生の三十六年間が重なっていて、共にイギリスで生きていた。場所も、ファラデーが終生ロンドンであったのに対して、マクスウェルはエディンバラとケンブリッジ及びロンドンで、ほど遠からぬ所で、互いに手紙の交換もしているし、会ったこともあり、マクスウェルはファラデーに就職の推薦を頼んだこともある。

また、その時期を歴史上でいえば、ナポレオンが台頭し始めた頃から始まり、その失脚があり、やがて米国で南北戦争が起こり、さらに普仏戦争があって、独墺同盟が成立した頃までの期間である（なお、ファラデーはヨーロッパ旅行中にナポレオンと出逢っている）。これを、わが国でいえば、異国船がちらほらと渡来しだした頃から、明治維新を経て、西南戦争が治まった明治十二年までのことである。

なお、ファラデーが生れたときは、ナポレオン、カント、ゲーテ、ベートーヴェンの存命中であったが、マクスウェルが生れたときには、ゲーテ以外のこれらの人はみな亡くなっており、ゲーテもその翌年に亡くなった。

社会情勢と思想

その当時は産業革命の完成期で、イギリスでは科学技術を重んずる気風が巷《ちまた》に満ちあふれており、科学技術の通俗講演が流行し、愛好者がきそって出席しただけでなく、これに参加することは上流社会や知識階級の人々の教養とされるまでになっていた。

このような時期に、小学校しか学校教育を受けたことのない、貧しい鍛冶屋の次男ファラデーと、領主の一人息子マクスウェルとによって、電気磁気に関する大発見が行われ、今日の文明社会が築かれるための基礎が与えられ、かつニュートンの法則と並べられる（電磁気の）法則が完成されたのである。

なお、その当時のイギリスはあたかもヴィクトリア朝の隆盛期で、経済的にも産業革命完成期の、大変豊かな時代であり、また学問においても近代科学が軌道にのり、新しい元素が次々に発見され、物理現象も次々に見出され説明されていく、科学の高度発展期であった。したがって、個人的なことを除けば、社会的学問的思想的に悩むというようなことはあまりなかったようである。

例えば、神に対しては両者とも極めて敬虔であった。しかし、自然と神とのつながりについては淡々として、ひたすら自然を追求していたようである。

ただその学問上の思想として、長い間続いていたニュートンの力の作用についての考え方を初めて改革して、新しい考え方をうち立てたことは極めて重要であって、これについては最後の章で詳しく述べる。

ことわり

電気磁気の領域で、上記のような偉業をなしとげた二人の天才ファラデーとマクスウェルについて述べるのが本書の目的である。

まず、二人によって成しとげられた業績の社会的学問的意味について、上述のように説明したが、次にI章とII章において、二人のそれぞれの生涯と人となりについて述べ、最後にIII章において、二人の思想とそれによって電磁気理論の完成が得られた経緯について述べる。この思想はニュートン以来の考え方を改革した大変重要なもので、詳しく述べなければならないが、初めからこれに立ち入るのは難解となる恐れがあるので、まず生涯の活動や人柄を述べつつ、人生観や自然観にふれながら説明していき、最後の章でこの思想についてまとめて述べることにした。

なお、この当時は、盛んに手紙のやりとりが行われた時代で、それが貴重な資料として残っている。ファラデーについては、自身のノートの他に王立研究所秘書役のジョーンズによる記録、マクスウェルについては親友キャンベルと助手ガーネットによる記録には、それらの資料が完全に集録されている。いずれも六百ページを越える大著である。その後に書かれた伝記は、みなこれらをもとにしてまとめられたものである。それらの書物については、巻末に収録してあるが、いずれも大変参考にさせていただき、感謝を申し上げる次第である。筆者としては、要点をまとめて、いかに要領よく経緯を紹介するかということで、むしろ表現の似た所がなかったかを恐れるだけである。ただ、現在の学問段階とのつながりを示し、自身、ゆかりの地を訪れたときの感想をつけ加えた。

そして、最後に、二人によって完成された場の思想について詳しく解説し、かつ二人の間でとり交わされた手紙をつけ加えることにした。

なお、この書をまとめるにあたって、大変お世話になった清水書院の清水幸雄氏、徳永隆氏、荻原精一氏に感謝を申し上げたい。

I　ファラデーの一生と人となり

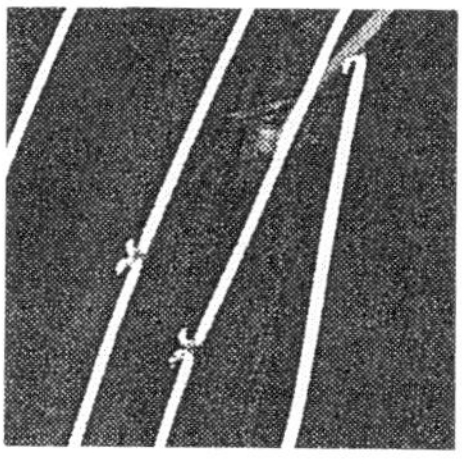

少青年時代

製本屋の小僧さん

ロンドンのハイドパークのすぐ北のはずれのあたりに、現在マンチェスター・スクウェアというごく小さい広場があるが、十九世紀に入ったばかりの頃、その界隈で、製本屋兼本屋の配達に回っていた誰にも好感がもたれる誠実で利発そうな十四歳前後の少年がいた。それが、われわれの一方の主人公マイケル＝ファラデーの少年時代の姿である。

マイケル＝ファラデーは一七九一年九月二十二日に、父ジェームスと母マーガレットとの間の第三子として、（現在ロンドンの）ニューイントン・バッツといわれていた所で生れた。この場所は、昔、弓場があった所らしく、当時はロンドンの東南のまちはずれであったが、後にロンドン市に編入され、今は繁華なまち中になっている。（ただし、バッツ（弓場の意味）という語は現在は除かれている。ウェストミンスター橋から東南に行く通りと、ロンドン橋から南西に行く通りとが交わるあたりで、賑やかな所である。）

マイケルが五歳のとき、一家はロンドン市内の前記の広場に近いヤコブス・ウェル・ミューズ町に移ったが、車屋の二階の小さな借間であった。四歳年上の姉エリザベスと三歳年上の兄ロバートがおり、後に十一歳のとき妹マーガレットが生れた。（ここにミューズ〔mews〕というのは馬屋の意味で、この辺は当時の重要な交通手段であった馬車のための馬屋が集っていたようである。）

なお、ファラデーの家系は、アイルランド出身であろうとも言われているが、とにかく数代前からヨークシャー西部のクラファムという所に住んでいた。父ジェームスは結婚してから、ロンドン近郊に出てきた。当時、産業革命により都会での仕事が増え、人口の都会集中が始まっていたのである。

ところで、父ジェームスは鍛冶屋であったが、体が弱く、貧乏であったので、子供達は早くから暮らしを助け、自活の道をたてることになった。マイケルも十三歳のとき、近所のリボーという人の店に雇われて走り使いをすることになった。

ヤコブス・ウェル・ミューズの家

製本徒弟

リボーの店は、当時重要な専門技術の一つであった製本の工房をもち、店先きには、本や文房具をおき、新聞も売っていた。マイケル少年は、ここでお得意さんに届けるための配達の仕事をしていた。

主人のリボーはフランス系の人で、かなりの知識人で、フランス人などがよく尋ねてきた。夫婦とも人柄がよく、マイケルを可愛がっていた。

当時のリボーの店

ここで一年間働いた頃、製本の弟子にならないかとすすめられ、住み込みの弟子になった。この店はかなり後（昭和の初期）まで残っていたようで、入口には「ファラデーが働いていた所」と書いてあり、入口の左側の室で製本の仕事をしていたということである（写真は当時の製本屋）。しかし、今はなくなり、そのあとには、筆者が先年（一九九〇年）行ってみたときには、三階建てくらいの小さなビルが建っていた。ちょうど角地で、店か事務所かの感じであった。このあたりは今でも小さな家が並び、いかにも大都会の中心から離れた所という感じであった。大体の位置は、コナン＝ドイルのシャーロック＝ホームズのベーカー街の中程地点に近い所にある（ホームズの探偵事務所はベーカー街の北のほうである）。

ここで仕事をしているうちに、本の内容に興味をもち、目を通すようになった。よく読んだのは、マーセット夫人の「化学の話」や「大英百科事典（エンサイクロペディア・ブリタニカ）」の電気関係の所などであったが、リオンの「電気の実験」やボイルの「化学原理大要」なども読んだ。

そのうちに、読むだけでなく、そこに書いてあることを実験してみようと、わずかな小遣銭をはたいて、簡単な器械を購入し、実際にたしかめてみた。

また、リボーの店には、フランスから政変のため逃れてきたマスケリーという画家が泊っていたが、ファラデーはこの人の世話をしたりして、親しくなり、マスケリーから本を借りたり、画の描き方を教わったりなどした。殊に、画については、後に実験の図をかくときに大変役立った。

なお、ファラデーが十八歳のとき、彼の一家はウェマース街に移った。そして、翌年十九歳のとき父が亡くなった。母はその後、下宿人を置いて細々と暮しを立てていた。兄は鍛冶屋の徒弟をしていた。

タタムの講義

ある日（今、王立裁判所のあるあたり）、賑やかな通りを歩いていると、ある家の窓ガラスに、「タタム氏が自宅で科学の講義をする」という広告がはってあるのを見つけた。マイケルはこれをききたくてたまらなくなった。場所はドルセット街のタタム氏の自宅で、近い所であるということもあり、時間も夜の八時からで、仕事が終ってから行けるということもあった。そこで、リボー氏の許可をもらい、兄のロバートに入場料を出してもらって、聴講に行った。合計十数回かよった。

これは、マイケル＝ファラデーが初めてきいた理化学の講義で、化学や電気の興味深い話であった。これをていねいに清書し、実験や器具の図を入れ、索引もつけ、計四冊にまとめて製本しておいた。

マイケルは、これを機会にタタム氏と交際するようになったが、この家には多くの科学愛好の若者達が出入りしており、その人達とも親しくなった。その中には、フィリップスという、後に化学会の会長になった人とか、商店の番頭で親友になったアボットなどがいた。

その頃、科学の愛好者達の集まりとして、タタム氏の発起による「市民科学協会」という同好会があり、ファラデーもそれに入会した。

デイヴィーの講義

リボーの店のお得意さんの一人にダンス氏という人があり、王立研究所の一員であったが、リボーの店に時々立ち寄っているうちに、そこに働いている青年に注目し、何か非凡のものをもっていると感じているようであった。ある日、マイケルの製本したタタム氏の講義記録を見て、その理解力を認めたのか、王立研究所のハンフリー＝デイヴィー卿の講演をきいてみないかと奨めた。そして、四枚の切符を取り出し、ロンドンを留守にする友人の分だが、代わりに出席しないかといって手渡した。マイケルは大喜びをし、ダンス氏に連れられて、デイヴィーの講演をききに王立研究所に行った。夜九時からであったが、四回出席した。

王立研究所については後に改めて述べるが、研究と並行して時々一般講演会を開き、啓蒙活動をするというのが方針になっていた。講演会は評判がよく、科学の愛好者達や知識階級の人達が多数出席していた。デイヴィーの講演はその中でも特に好評のものの一つであった。

さて、このときのデイヴィーの講義は「塩素、可燃性、金属について」であったが、ファラデーはていねいに筆記をし、きれいに清書をし、実験の図や索引もつけて製本した。

デイヴィーの巧みな実験とそれから整然と結論が引き出されていく有様に、ファラデーは全く魅了されてしまい、自分もそのような実験研究の仕事に一生を捧げたいと思うようになった。そして、「実験室の最も低い地位でもよいから、科学研究のできる職につきたい」という希望を書いた手紙を、王立協会々長のバンクス卿あてに出した。しかし、何の返事もこなかった。

そうこうしているうちに、製本徒弟の年季が完了し、一人前の製本職人になった。そして、キング街にあるフランス人のデ＝ラ＝ロッセという人の店に雇われることになり、家から通勤した。しかし、この人は大変怒りやすい人で、マイケルは職人生活に嫌気がさしてきた。

デイヴィーへの手紙

職人生活に嫌気を感じ、一方あこがれの理化学研究の世界に接したマイケルは、次第に、科学研究のような自由で静かな職務につけないものかと真剣に考えるようになった。

そのことを聞いたダンス氏は、デイヴィーに宛てて、実験室の仕事をさせてもらいたいと頼む手紙を書いてみてはどうかと奨め、そのときデイヴィーの講義ノートを必ず一緒につけて送るようにとつけ加えた。マイケルは早速その手紙を書き、講義ノートは自分にとって極めて大切なものだからあとで返していただきたいと書き添え、研究所の門衛に届けた。

一週間ばかりしてデイヴィーから返事が届き、「一か月ばかり旅行をして留守にするが、そのあといつでもあなたの都合の良いときに会うことにしましょう。何かお力添えができれば幸です。」という親切な文面であった。

デイヴィー

デイヴィーとの面会

デイヴィーとの面会は、王立研究所の講演場の横の準備室で行われた。しかし、デイヴィーは「科学研究は仕事がつらいだけで、収入が少なくて恵まれないから、職業変えは思いとどまったほうがよい」ということを懇々とさとした。そして、自分も独学で苦労をしたけれども、幸運にめぐまれることができただけだとつけ加えた。マイケルは大変失望したが、「何か良いことがあれば気をつけておきましょう」というデイヴィーの最後のひとことが慰めであった。

その頃、デイヴィーは、爆発しやすい塩化窒素などの研究をしており、たまたま爆発のために目に火傷をしたことがあった。そのために自分で字が書けなくなったので、マイケルに清書の仕事を頼んできた。マイケルはデイヴィーのメモ程度に走り書きしたものを、ていねいに清書した。そしてそれは、最後には一つの論文にまとめられた。これは、僅か三日間くらいの手伝いであったが、マイケルにとっては、この上なく充実した楽しい日々であった。

ところが、それから数週間たったある夜、マイケルがもう寝ようとしていたとき、家の前に馬車が止まり、デイヴィーからの使いが手紙を届けてきた。それは、明朝面会したいということであった。

翌朝研究所に行ってみると、君はまだ職業変えをする考えをもっているかと念をおしてから、その通りですと答えると、実はペインという実験助手が辞めたので、その後任として来る気はないかとデイヴィーにきかれた。マイケルは大喜びで承諾した。

実験助手

マイケル＝ファラデーは一八一三年三月から、ロンドンの王立研究所の助手となった。そして、研究所内の屋根裏部屋が与えられ、ここで寝泊りして、助手の仕事をすることになったが、ときどき家族の家に立寄った。

研究所での助手の仕事については、研究所の記録が残っていて、それによると次のようなものであった。

講演のとき講師や教授のための準備をし、手伝いをすること。器械が必要なときは、器具室や実験室から講堂に運び、すめばきれいにしてもとにもどし、修理の必要なものがあればその手配をすること。毎週一回は器械の掃除をし、毎月一回はガラス箱入りの器械を掃除すること。

そして、ファラデーの場合は、普段は、デイヴィーの実験の手伝いをし、秘書の役もすることであった。

ファラデーがデイヴィーの手伝いをした実験は、甜菜《てんさい》から糖をとり出す実験や二酸化炭素の実験などであったが、塩化窒素の実験は爆発を起こし、大変危険であった。ガラス製の覆面をして実験をしていたのに二か月もたたないうちに負傷した。それでも、ファラデーは喜んで実験の仕事に従事した。

ファラデーは、この間も絶えず勉強を続け、王立研究所の講演会にも出席し、講義の内容を記録するだけでなく、講義の方法にも注意を払った。すなわち、講義の題目のつけ方、机上に器械を配列する配置方法、受講者の注意の引きつけ方、講義の長さなどに至るまで色々と書きとめていたことが、友人アボットにあてた手紙にみとめられる。その観察がきわめて鋭いこと、あらゆるものを学びとろうとする意気ごみは驚くほどであった。後に、ファラデー自身が講演をするようになったとき、非常な好評を得たのもこのあたりの努力が大きな力になったと思われる。

王立研究所について

王立研究所はファラデーにとって、生涯における活動の場であって、極めて重要な所であるので、これについて大略をまとめて紹介しておこう。

王立研究所の設立とランフォード伯

王立研究所のもとは、ランフォード伯の提唱によって一七九九年に始められたが、一八〇〇年に、国王の賛同を得て、正式に王立研究所として出発したものである。

ランフォード

ランフォード伯という人は、本名をベンジャミン＝トンプソンといい、一七五三年にアメリカのボストンの北方のカナダとの国境に近いランフォードという町に生れた。いわゆる文武両道に秀でた極めて活発で行動力の旺盛な人であった。

アメリカの独立戦争が起こると、彼はこれに参加したが、あまりにもはやい昇進がねたまれたのか、イギリス側ではないかという評判が起こったりして、居づらくなり、一七七五年に、家族を残したままイギリスに逃がれ、そこで官吏になった。その間、科学研究も行ない、特に火薬の研究によって、王立協会の会員になった。そして、一七八一年には、アメリカ出兵中のイギリス軍の騎兵隊長として参加した。

やがて、オーストリアとトルコの戦争が起こると、何かひと働きしようと出かけていったが、途中バイエルン王国まで来たとき、王子に見込まれて、バイエルン王国に仕えることになり、一七八四年にバイエルンの陸軍大臣になった。軍隊や兵器の改革を手がけ、また警視総監も兼ね、貧民の救助や沼地の整備なども行った。その頃、ミュンヘンで大砲の改良の研究中に砲身の孔あけ作業を視察したとき、作業を続ける限り熱がいつまでも発生することから、熱は砲身に含まれた（有限な）物質のようなものではなく、作業そのものにもとづく運動であるという、熱の運動説をとなえたのは有名である。

一七九一年には、それまでの功により、神聖ローマ帝国の伯爵をさずかり、出生地の名をとって「ランフォード伯」と名のることになった。

また、仏墺戦争のときには、総指揮官としてあくまでも中立を守って、首都ミュンヘンを防ぎ、仏、墺どちらの軍も市内に入らせなかった。

やがて世の中が治まると、バイエルンでの職を辞し、ロンドンにもどった。そして、王立研究所の設立に尽力したが、自分ではそこで生活改善のため、暖房その他熱関係の応用を研究するつもりであったらしい。一七九九年に趣意書をつくり、会員組織にして、寄付金集めを始めたが、一八〇〇年一月には国王の許可を得ることができ、かつ賛同員になってもらったので、「王立研究所」として出発することになった。

さて、王立研究所の陣容の整備にとりかかっていたランフォード伯は、一八〇一年に、デイヴィーの評判をきき、ロンドンに来てもらって面会をし、二月に化学の助教授として採用した。しばらくして、化学の教授に任命されていたガーネットが辞めたので、デイヴィーを教授にした。八月には、ヤングの評判をきき、物理学の教授にした。ヤングは、元来医学を修めた人であるが、一八〇一年に光の波動説を発表した人である。

デイヴィーは講演が大変うまくて好評を得たが、ヤングは講演がにがてで、二年余りで王立研究所をやめ、医学にもどった。ヤングがいたのは僅かの間であったが、その間の論文や講義は有名である。また、後に行ったエジプトの象形文字の解読も有名である。（実は、ヤングは十四歳くらいのとき、既にギリシア、ラテン、ヘブライ、ペルシア、アラビアなどのことばを修得していたのである。）

ヤング

十八世紀の終り頃は光の粒子説が優勢であったが、ヤングは医者で眼や声の研究をし、これから音響についての研究に進み、さらに音と光の類似性について論じ、光の粒子の考えに重大な矛盾のあることについて指摘した。そして、一八〇一年に、「光と色の理論について」という論文で光の波動論を述べ、続いて光の干渉や色について論じた。

ヤングが波動論の再興を決定的にした(高校の教科書にもある)有名な「ヤングの(干渉)実験」も、王立研究所に来てから、金曜講演において述べたもので、ヤングの一連の金曜講演を集めて出版された「物理学と機械技術(一八〇七年)」の中にある。王立研究所で実験したものと思われる。ランフォード伯の科学上の功績は、熱の運動説の他、デイヴィーとヤングを見出したことであるとも言われる。

王立研究所ができると、ランフォード伯は、一八〇三年にパリに行った。革命のとき殺された化学者ラボァージエの未亡人が、当時社交界の花であったが、バイエルン公の仲介もあって、この人と結婚した。しかし、四年して離婚した。その後は、静かに暮し、一八一四年八月二十一日パリで死んだ。

デイヴィー卿

ハンフリー＝デイヴィーは一七七八年十二月に、イングランド西南端のペンザスという町に生れた。父は早く亡くなった。早熟で、文学にも科学にも秀でていた。十五歳のときから、薬剤関係のところで働いていたが、認められて、ブリストルの「気体学研究所」に務めることになった。そこで笑気の研究などをした。笑気というのは、一酸化二窒素のことで、これを吸うと顔の筋肉に痙攣《けいれん》を起こし、笑うようなかっこうになるのでその名があるが、デイヴィーは自分でこれを吸ったりなどして実験した。

ランフォード伯に招かれたのは、二十三歳のときであった。電池の研究や電気分解による新しい物質の発見などはなばなしい活動を続け、また王立研究所での講演はきわめて好評で多くの聴き手が集まった。

このようにして名声が上がり、三十四歳のときにはナイトに叙せられ、デイヴィー卿となった。そして間もなく、アプリースという派手な金持の未亡人と結婚した。そして、夫人とファラデーとをつれて、一年半におよぶ大陸旅行をした。帰国後安全燈を発明したが、これはそれから長い間使われた。そして、一八三〇年から七年間、王立協会の会長を務めた。

その後、健康を害し、こんどは夫人が同行しなかったので、単身で再び大陸旅行を行った。しかし、イタリーのローマで病気が起こり、ジュネーブまで帰ったときに、ヤングの死をきき、その夜再び発病して死んだ。ヤングの死後十九日目のことで、一八二九年五月二十九日、五十一歳のときであった。

王立研究所の特色

王立研究所の目的は、国王の賛同を得たときの記録によると、「知識を一般に普及すること、器械の発明改良を行うこと、講義と実験とによって科学の利用について教えること」などであった。そこで、研究所では一方では実験研究を行うだけでなく、教授や助教授があって、

王立研究所

一般の人にわかりやすい講演を行った。また会員には読書室に各種の資料が備えてあって、それを利用することができるようになっていた。

王立研究所の建物は、ロンドンのピカデリー広場のすこし西に、大通り（ピカデリー通り）からちょっと入った所にあった。個人の建物を購入し手を加えたものということである。

そこには、大きな講堂と実験室があるのが特徴であった。講堂には、講演者の大きな机を中心に半円形に聴講者の席が並び、後ろになるほど次第に高くなっており、全体で七百人程入れるもので、当時としては大変大きい講堂として有名であった。

実験室は、当時のヨーロッパでまだどこの大学にもなかった頃で、化学や物理の実験に便利な室が備えてあったことは、大変有意義なことで、ここで数多くの発見がなされた。

なお、日本で国立というと、国の財政でまかなわれるものであるが、英国の王立というのは国王によって公けに認められたものというだけで、王立研究所の財政は、賛同会員の寄付金がもとで、一般講演の聴講料などが収入の一部となっていた。このため、王立研究所はしばしば財政困難になったり、デイヴィーのような講演の上手な人によって多くの聴講者が集まると財政が楽になったりした。このように、王立研究所での講演は教授の片手間に行うものではなく、本来の業務の一つでもあった。歴史に残るような名講演が行われたのも、そのためであろう。

なお、講演には三種類あり、その組み立ては永く続いた。第一は、子供のためのやさしい講演がクリスマスの頃に六回くらいある。例えばファラデーの「ローソクの科学」などがそれである。第二は、平常、一週に三日程度、午後三時から、一つの題目について二回か三回に分けて行われる。第三は、金曜日の夜九時から行われるいわゆる金曜講演で、これはすぐれた研究結果をやさしく砕いて話すもので最も有名なものである。

なお、王立研究所の前面は、昔の写真を見ても、今とあまり変わっていない。ただ、内部は研究に便なように改造された所がある。この場所はニュー・ボンド・ストリートの続きのような所で、ロンドンの中心地の繁華街の隣のような所であるが、その割に大変静かである。今でも研究が続けられている。例えば、後で述べるように、ここは初めて気体の液化が行われた所であるが、二十世紀の初め頃、(ケンブリッジ大学と兼任であった)デュワーがデュワーびんを発明し、数々の気体液化や低温物理学の研究を行った所である。

大陸旅行

大陸旅行への出発

ファラデーの王立研究所での生活が始まってから、半年たつかたたないうちに、デイヴィーがヨーロッパ大陸を旅行するという話がもち上った。その頃には、デイヴィーの名声はヨーロッパ中に行きわたっており、ナポレオン皇帝から特別の旅券をもらったので、夫人同伴での旅行であるが、ファラデーに秘書かつ助手として同行してもらいたい、そして適当な人が見つかるまで従僕のかわりの仕事もしてもらいたいと頼んできた。ファラデーは実験が中断されることなどからためらっていたが、ダンス氏から、見聞を広めるのに又とない機会だからぜひ行くべきだといって奨められ、同行することにした。ファラデーはそのとき二十二歳で、専門の道に入るのに感受性の最も旺盛な年頃で、ヨーロッパ各地の学者に会ったり、話をきいたりしたことは将来のため大変重要であった。それは、学校教育を受けていないファラデーにとっては、普通の人の大学生活に代わるものであったと言われる。ただ、デイヴィー夫人が、ファラデーを専ら従僕として取り扱ったのには全く閉口した。

いよいよ、一八一三年十月十三日に一行はロンドンを出発した。まず、馬車で、イングランド南

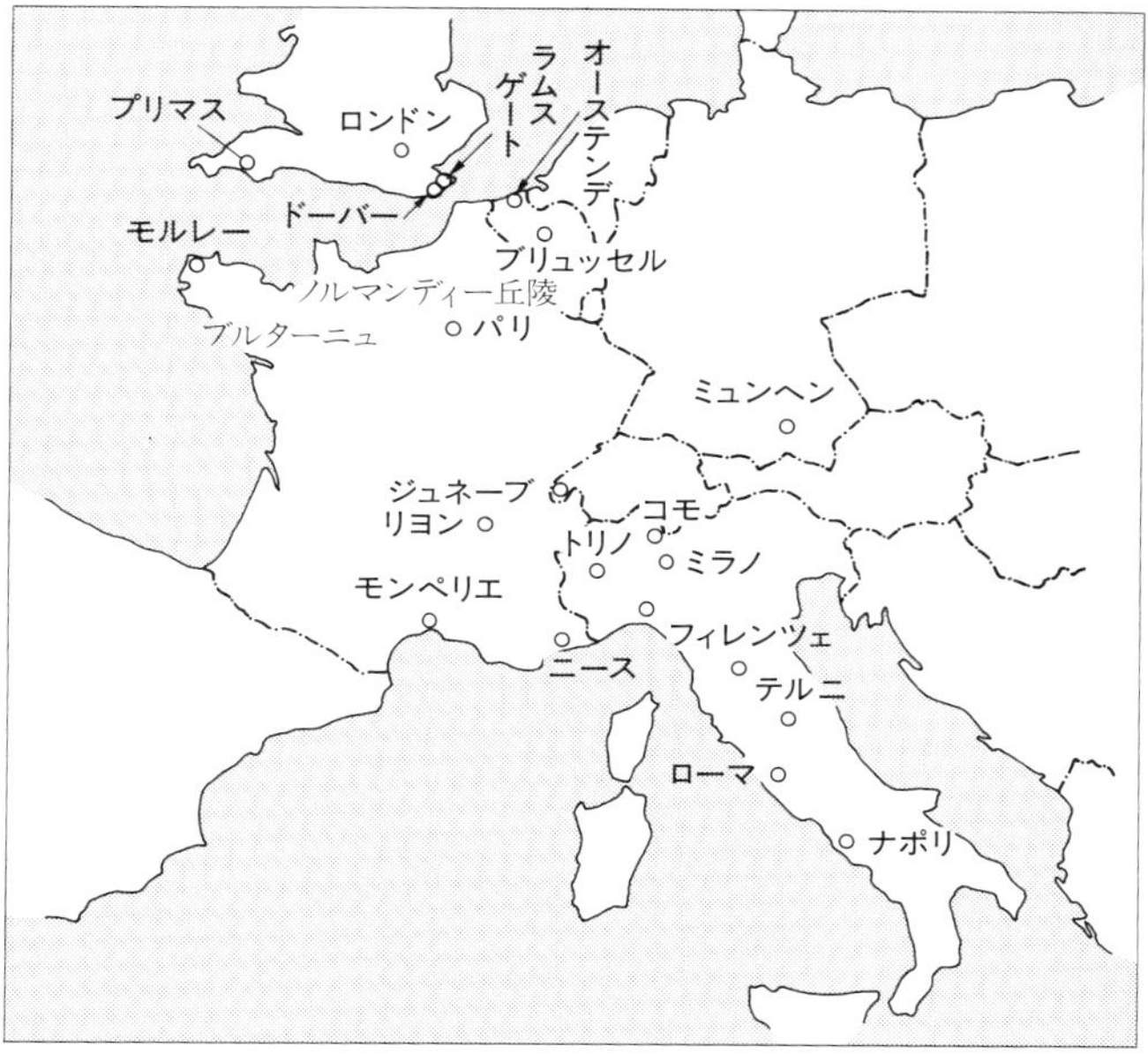

大陸旅行の地図

岸の西方にある港プリマスまで行った。これは、ゲーテのイタリア旅行より二十五年ほど後であるが、まだ、蒸気鉄道ができるより十二年前のことで、ゲーテの馬車旅行と、雰囲気は似たようなものであったろうと思われる。

さて、馬車にゆられながら、プリマスまで二日かかったが、ロンドンを離れたことのないファラデーにとって、途中の田舎の風景はすばらしいものであった。

プリマスで一泊し、翌日馬車を分解して小船に積み、晩にこの小船で出航して、イギリスを離れた。イギリス海峡は荒れ模様であったが、船は翌朝未明に、無事、対岸にあるフランスのモルレー港に着いた。

フランス上陸

モルレーでは税関の調べがうるさくて困惑したが、デイヴィー夫人のフランス語が役立った。ちょうどその数日前にナポレオンが受けた反撃の報のため、特別にうるさかったようである。ここで、再び馬車を組み立てるために時間がかかったりして、結局二晩泊った。

馬車がモルレーを出発して、海が見えなくなると、そこはブルターニュの野で、すばらしい田園風景であった。やがてノルマンディーに入ると、大きい屋敷があちこちに見え、大変貴族的な雰囲気であった。

パリに着くと、さっそくあちこち見て回った。ルーヴル美術館を見たときは、これらの美術品はフランスの盗品にすぎないと言った。

デイヴィー夫人は、かねてから知りあっていた御歴々の夫人方があったので、落着くとすぐに、社交界に出かけていった。結局、パリでは、二週間程度という予定を大きく越して二か月滞在した。

ファラデーは、パリに着くと間もなく、旅券を落としてしまった。このために、警察に何回も出頭して、質問ぜめにあい、言いわけをするのに苦労した。

ある日、物理学者のアンペールと二人の化学者とがデイヴィーに面会に来た。ファラデーも顔を出して彼等と挨拶をかわした。後に電気学の研究で大きいかかわりをもつことになる法則の発見者アンペールに初めて会ったのであるが、その時はこのことを予想できるはずもなかった。

この三人の科学者は、未知の物質として、黒褐色の薄片をもってきた。彼等が帰ると、デイヴィーはさっそく、ファラデーに手伝わせて、トランクの中から実験器具を取り出し、その黒褐色薄片について実験を始めた。そして、これを熱すると美しい紫色の蒸気が立ち登った。

実は、当時は、新元素の発見が次々となされ、いわば発見競争の状態であった。デイヴィーは、この物質が化合物であるか元素であるかを確かめるために、強力なボルタ電池をファラデーに借りに行かせたりなどして、いろいろと調べ、新元素であるという確信を深めた。そうして、後に、王立研究所に戻ると、この物質が元素であることを、もう一度確認し、これをヨウ素と呼ぼうと提案した。

一方、フランスでは既にこの物質について、調べが相当進んでいて、ゲイ＝リュサックによって、これが元素であることが確かめられ、ヨードとよばれた。

ファラデーは、パリ滞在中に、偶然、馬車に乗っているナポレオンをちらっと見たことがあった。大きな長衣をまとい、大きな帽子をかぶり、僅かに顔が見えるくらいであった。

一行は、十二月二十九日にパリを出発し、リヨン、モンペリエ、ニースと南仏の旅を続け、イタリアへと向かった。

ニースを発って、イタリアのトリノへの道を北上したが、雪のアルプス越えをしたのは、一月の終り頃、コル・デ・テンデという峠であったが、高度二千メートル近くの所で、馬車では通れなかったので、これを分解し、騾馬と人夫を使って運んでいった。ここでイタリアに入り、まっすぐ北上してトリノに行った。トリノではちょうど謝肉祭にであった。

イタリアにて

フィレンツェでは博物館などを見物した。博物館では、ガリレイの作った望遠鏡を見た。それは紙と木を使い、筒の両端にレンズをつけただけのもので、よくもこのような簡単なもので木星の衛星を発見したものだと感心した。またいろいろな磁石も集められており、九十キログラムの天然磁石もあった。

また、トスカナ大公所有の、直径一メートルもある巨大なレンズも見た。そして、デイヴィーはこれを使って、貴族の観衆の前で、ダイヤモンドを燃焼させ、それが炭素であることを示す有名な実験を行った。

まず、大きい球の中央に、白金棒上にのせたダイヤモンドを置き、球内の空気を除いて、純粋な酸素を入れた。そして、この大きいレンズと直径十センチメートルほどの凸レンズとを用いて、太陽光をダイヤモンドに集光した。四十五分程度熱せられると、ダイヤモンドは輝き出し、薄紫色の光を出した。その後で、デイヴィーは球内の気体を調べた結果、純粋な二酸化炭素であることを示し、これによって、ダイヤモンドは炭素であると結論した。観客は驚嘆して拍手を送った。

ナポリ湾からヴェスヴィアスを望む

一行は、四月初めにローマに着いた。ナポリにも行ってヴェスヴィアスに登ったが、五月再び登り、そのときはちょうど噴火があって、噴火口に着いたときは夕方暗くなった頃であったので、きわめて美しい壮観であった。

また、ローマの北にある景勝地テルニに行き、マルモーレの滝を見物したとき、霧にうつる虹の円形全体を見ることができた。

七月に入ると、一行はアペニン山脈を過ぎて北上し、ミラノに行った。ミラノでは高名なヴォルタに紹介されるという機会にめぐまれた。ヴォルタはコモの生れで、すでに六十五歳であったが、大変元気で、デイヴィーに敬意を表わしに、正装してやってきた。ファラデーも紹介されたのであるが、ファラデーには、大変元気な老人で、能弁な人という印象であった。

ミラノからコモ湖を過ぎてスイスに入った。

スイスにて

スイスではジュネーブに二か月余り滞在した。そこでは、デイヴィーの友人で化学の教授であったド＝

ラ＝リーヴの世話になった。この人は、良い住いが見つかるまで当分の間自分の家の客として世話をした。

ジュネーブでは、ローヌ川で鱒をつったり、野原で野鳥を撃ったりした。ド＝ラ＝リーヴは度々デイヴィーを狩猟に案内したが、ファラデーはその都度お供をし、デイヴィーの銃の弾の装填の役をつとめた。ド＝ラ＝リーヴは自分で装填したので、そのときファラデーといっしょになり、話をする機会があった。あるとき、話のはずみに彼が単なる従僕ではなく、王立研究所の実験助手をしている研究者であることを知った。ド＝ラ＝リーブはそれまで、デイヴィー夫妻は自分の家族といっしょに食事をさせ、ファラデーは召使といっしょに食事をさせていたことを恥じ、ファラデーもいっしょに食事をさせるべきだと考えた。しかし、デイヴィー夫妻の同意が得られなかったので、ファラデーには召使とは別の一室で食事をしてもらうことにした。

実はこれは最初からの問題であった。そもそも、デイヴィーの家の召使が同行を断ったために、ファラデーがちょっとの間代役をつとめ、大陸に渡ったら召使を雇うということであった。しかし、パリに来てみても見つからなく、その後ローマでもフィレンツェでも見つからなかった。しまいには、捜そうという様子さえみえなくなった。デイヴィーは自分のことは自分でし、ファラデーを煩さないようにしていたが、デイヴィー夫人は初めからファラデーを召使のように扱い続けた。ただ、各現地で女中を雇うようになってから、多少軽減された。

この状態を知ったド＝ラ＝リーヴがファラデーを厚く遇しようとしたのは、彼にとって大変うれしいことであったた。そのうちに、デイヴィー達は家を借りて移ったが、ド＝ラ＝リーヴはその後も度々立ち寄り、ファラデーにも会い、親切に話し相手になったり、元気づけたりした。そして、当地の若い科学者のグループに紹介してくれた。こうして、ジュネーブで多くの友人ができた。ジュネーブは旅行中最も楽しい思い出の地となった。

ファラデーは、こうしてド＝ラ＝リーヴの温かい待遇に感銘し、後々までもつき合いを続け、ド＝ラ＝リーヴの子の代までも、五十年近くも文通を続けた。

旅の続きと帰国

九月の半ばに、一行はジュネーブを発って、ローザンヌ、ベルン、チューリッヒなどスイスのまちに立ち寄り、バーデンを通り、ミュンヘンに行き、ティロルを南下して再びイタリアに入り、パドバ、ヴェニスに数日滞在し、ボローニャ、フィレンツェを通って、十一月に再びローマに戻った。

ローマでは気になる手紙を受けとった。それは、王立研究所が経済的に困難になり、存続があやぶまれるといううわさがあるということであった。

デイヴィーは名誉教授になって、もう講演をやめ、研究に集中するつもりだというが、あれほど研究所に魅力を与えていたデイヴィーの講演がなくなれば、人々の後援を保ち続けることができるであろうか。ファラデー自身はもはや製本職人に戻るなどということは考えられないことであり、何としても、化学助手として独創的な仕事にたずさわりたいが、あまりにも長い空白が続くと取りかえすのが大変であり、一日も早くロンドンに帰りたいという気持ちで一杯であった。

ところがデイヴィーのほうは、ローマからギリシアやトルコまで行きたい意向であった。これを聞いたファラデーは、自分をぬきにして行ってもらいたいと考えた。そして自分ひとりでロンドンに帰ることを真剣に考えた。

しかし、戦局が不安定な様子であったため、しばらく見合わせることにした。そして、二月の末にもう一度ナポリに行き、ヴェスヴィアス山に登り、噴火が前回よりも盛んであるのを見て、デイヴィーは大変喜んだ。

ところが、このとき急に帰国することになった。ナポレオンがエルバ島を脱出し、ネイ将軍はナポレオンを慕って馳せ参じ、同盟軍はこれに向かって急行したという報がはいった。こうして、戦局が再び急となる気配が生じたので、今のうちに帰国しなければ大変だということになったのである。

こうして一行は、三月二十一日にナポリを出発した。それからローマを経て、北上し、ティロルを通ってドイツのスツッツガルト、ハイデルベルク、ケルンを過ぎ、四月十六日にベルギーのブルッセルに着いた。そして、オステンド港から、ドーヴァー海峡を渡って、ディール港に上陸し、一八一五年四月二十三日にロンドンに無事帰国した。

研究所復帰と結婚

研究所に復帰

一八一五年四月の末にロンドンに帰ったファラデーは、旅行に出発するときに職を一応辞していた王立研究所に、五月から引き続き勤めることになり、給料もすこし上がった。

一方、デイヴィーは、大陸旅行に出発するとき教授を辞し、ブラントがその後任の教授になっていたが、デイヴィーは帰国後名誉教授となり、研究だけは続けることになった。ファラデーはその後もデイヴィーの実験を手伝った。

その頃、デイヴィーは火焔に関する研究をしていた。鉱山でガス爆発事故があり、この危険から鉱夫を守るのに、安全なランプを作るためであった。ファラデーもその手伝いをし研究を助けた。デイヴィーは金網で焔を包む方法を考えて、いわゆる安全燈を作った。一八一六年には鉱山で実際に用いられるようになった。

キリスト教の宗派の一つに、あまり知られていなかったが、サンデマン派という派があった。清教徒に近いところもあったが、聖書のみが神への導き手であると信じ、牧師も認めず、行事は教会の長老によってとり行われていた。ファラデーの祖父も父もそれに属していて、ファラデーも子供のときからこの教会に行っていた。

結婚

この教会の長老の一人に、バーナードという銀細工師をしていた人があり、その二男のエドワードとファラデーは友達であったのでその家に行ったりしていた。この人に三人の娘があり、長女は結婚し、次女がサラといいまさに妙齢であった。ファラデーはいつしかこの人に心ひかれるようになった。

ところで、ファラデーは以前から、いろいろと思い浮んだことを書きとめていたが、その中で結婚を軽くみる考えを記入していたこと（一八一九年に）があった。これをエドワードが見つけ、やがてそのうちに家の人達みなにそのことが知られていた。サラはそのことを思い出し、ファラデーに問いただした。ファラデーは自分の思い違いであったことの釈明に務めた。

一八二〇年七月のある日、ファラデーは意を決してサラに求愛の手紙を書いた。サラは父にも相談したが、どう返事したらよいやら決しかね、姉といっしょに東方海岸の観光地ラムスゲートに行ってしまった。

数日後、エドワードからこのことを知らされたファラデーは、さっそくラムスゲートに行って、宿をとり、翌日サラを捜しあてることができた。二人は静かに話しあったが、互いに気を使うだけで核心に達しなかった。

翌日も付近を歩き回ったりしたが進展しなかった。ファラデーは突然、馬車で一時間くらいで行ける近くのドーヴァーに行こうと言い出した。ラムスゲートは賑わっていたが騒々しいところであるので、静かで景色のよい所で話しあおうと思ったのであろう。

次の日二人はドーヴァーに行き、展望台に上がった。眼下に広がる美しい海と対岸のフランス、カレー海岸の白い断崖が見えるすばらしい風景であった。そこで、彼は改めて彼女に対する愛を述べ、結婚してもらいたいと頼んだ。そして、夕方までには二人はここで結婚の約束をした。

ロンドンに戻ったファラデーは、さっそくバーナード氏を訪れ、許しを得た。その後の数か月は式や新しい生活のことなどで忙しい日々であった。

一方住いのことであるが、王立研究所の彼の室で妻といっしょに住んでよいだろうかとデイヴィーに相談した。デイヴィーはこれに関して公式な許可をとってくれ、王立研究所の管理人という名目にしてもらった。

こうして、一八二一年六月十二日に、二人は結婚式をあげた。ファラデーが三十歳のときであった。

こうして研究所内での二人の幸福な生活が始まった。二人は毎土曜日には必ずバーナード氏の家に行き、日曜日にはバーナード一家とともに教会に行き、その夕方研究所に帰るという日々が続いた。

一方、ファラデーの母は、もとの家に住んでいて、息子の仕送りを受けていたが、時々研究所に立寄り、息子の名声の上がるのを喜んでいた。

なお、ファラデーは結婚後一か月ほどしてサンデマン教会に入った。

幸福な結婚生活

ところで、ファラデー夫妻には子供がなかった。しかし二人の結婚生活は大変幸福なものであった。

実は、ファラデーは、大陸旅行のとき、デイヴィー夫人等をみて、結婚に対する恐れをいだいていた。男が妻の虚栄心のために働かされ、振り回されるようでは、自分の場合ならば研究生活という理想を放棄することだと考えた。つまり、野心家であるような妻は、自分の一生を台なしにすると思った。自分には、わずかな収入の生活で満足し、静かな暮しを楽しんでくれる妻でないとだめだと考えた。しかし、サラは彼と同じ種類の人間で、同じ宗教上の信仰に結ばれていることでもあり、そのような妻には決してならないだろうと信じていた。

果して、彼女は要求的なことは何一つ言わなかった。そして夫の幸福だけをひたすら気にかけていた。この夫婦愛は、知人の間には知らない人がないほどになった。ファラデーは、このように家庭が大変平穏で幸福であったので、研究にますます打込むことができた。

研究活動の開始

ファラデーは実験助手になった当分の間は、王立研究所の一般講演の準備や、デイヴィーの手伝いを専らやっていたが、そのうちにそれらの合い間の時間を利用して、自分の気にかかることを試してみるようになった。そして、ちょうど結婚の前後の頃から、自分の考えによる実験をすることができるようになった。

電磁回転

まず、特筆すべき最初の成果は、電磁回転の研究であった。

一八二〇年に、デンマークのエルステッドは、電流が磁気作用をもつことを発見した。すなわち、磁針の上方で磁針に平行に張った導線に電流を流すと、磁針の先端が横に振れ磁針はある角度だけ方向を変える。これは、電流は流れる方向に垂直な方向に磁極（磁石の先端）に力をおよぼし、回転的な作用をすることを意味する。

エルステッドの実験は世界中の注目をあびた。まず、数学・理論物理学が大変進んでいたフランスでは、電流がどのような磁気的な作用を周囲の空間において生ずるか（すなわちどのような磁場を生ずるか）について、数学的に表わすことが研究され、その法則が得られた。

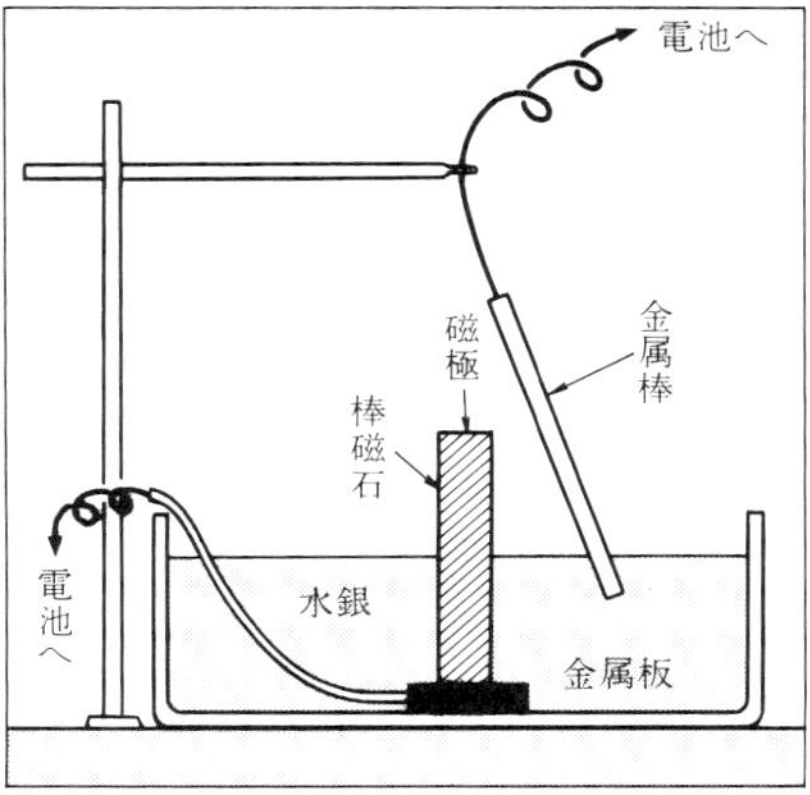

電磁回転（想像図）

一方、イギリスでは、電流が磁石に対して回転的な作用を及ぼすから、その反作用として、電流が流れている針金に磁石を近づけると針金が回転し、永久回転が得られないだろうかという実験がウォラストンによって試みられた。ウォラストンは白金に関したことや光学に関したことなどで多くの業績のある有名な研究者であったが、この試みは進展せず、中断していた。

その頃、ファラデーは以前にタタム氏の家で知りあった友人フィリプスの奨めによって電気磁気学の短い歴史をまとめ、学術年報にのせることになったが、その際、関連した実験を自分で繰り返してやってみたのである。そして、ウォラストンのやろうとしたことを耳にし、さっそく自分でやっていた実験の続きとしてそれをやってみようと思った。電線の回転が起こりそうな方法に気づくと、そのたびに実験室にとんでいって実験をしてみた。次々に失敗したが、また別の配置を考えてはたゆまず試みた。

ファラデーは、ある日ついに成功した。中央に磁極をおき、上からつるした針金が一定位置で自由にまわるようにし、その先きに金属棒をつけ、金属棒の下端が、下方に置いた皿の中の水銀につかるようにし、金属棒に電流を通すと、金属棒は磁極のまわりを回わり出した（その図が、文献①その他にも見つからないが、上は想像図）。

うまくいったとき、ファラデーは声をあげて大喜びをしたという。一八二一年九月三日のことであった。回転の速さは、目で追うことが困難なくらいにまでなった。

後に、この実験はウォラストンのやっていた実験であるという誤解を生じた。しかし全く違った実験で、ウォラストンは電流を通した針金に磁石を近づけると、針金が自分のまわりに、すなわち針金の中心軸のまわりに、自転するものと考えていたのであった。

ファラデーはこの実験の成果を発表する前に、ウォラストンの了解を得ておこうと思って、すぐにその自宅を訪れたが、しばらくロンドン市外にいるということで、会うことができなかった。そして、この問題については世界中の人が関心をもっているので、外国の人に優先権をとられてはつまらないから早く発表すべきだというフィリプスの奨めもあったので、実験の詳細を発表した。

十月に入ってようやくウォラストンに会うことができ、それまでのいきさつを話すことができた。

このようにして、ファラデーは電気を運動に変えることに成功した。すなわち、初めて、電動機を作ったのである。

気体の液化

一八二三年三月のことである。以前に塩素の固体ではないかと思われていた白い物質があって、デイヴィーはそれは純粋な塩素ではなく、塩素と水の化合物であることを確かめたことがあった。ファラデーはその物質中に塩素と水がどれくらいの割合で含まれているかを調べようと思った。

デイヴィーはその実験に賛成し、「密閉したガラス管にこれを入れ、圧力を与えたまま熱してみてはどうだろう」と言った。そのとき、どうなるだろうという意見はつけ加えなかった。そう言い残して、デイヴィーはしばらく留守をするといって出ていった。

ファラデーは、真直ぐな管を用いてこの実験を行ったが、この白い固体はすこし熱して体温程度にすると融け、室温に戻すと固化してもとの固体となり、変わったことは認められなかった。そこで、いろいろとやり方を変えてやってみたが、やはり変わったことは何も起こらなかった。

しかしそのうちに、管を急角度にまげてやってみようと気づいた。もし熱したとき、それから気体が出るとすれば、他端の管頭にたまるだろうと思ったのである。注意深くこの実験をやっていると、黄緑色の気体の他に、曲げた管の冷たい方の底に油のようなものができているのに気づいた。

ちょうどこのとき、かねてからデイヴィーに親しく、後にデイヴィーの伝記を書いたパリスが訪れ、これを見て「油のついた管を使うから、このようなことになる。きれいな管でやらないと駄目だ。」といい、実験ずみの管にみな油がついていることを注意した。

しかし、ファラデーは、よごれていない管を使ったのに、油のようなものが新しく発生したことに大変興味をもった。長く熱して、放置しておくと、結局水のようなものと油のようなものとの二つの液体ができていた。彼はこれらを取り出そうと、管にやすりをあててこすった。そうしたら、管は急に爆発し、油状のものは影も形もなく見えなくなってしまった。

これは、ガラス管を熱したとき、出ていった塩素のガスは熱するにつれて圧力が高くなって液体になり油のようになっていたのに違いなく、次に管に口があけられたときに圧力が減って再びもとの塩素ガスになって逃げていったのだと知った。つまり、あの油は塩素の液体であり、ここに液体塩素が得られたのである。

さっそくパリスに「昨日油だと言われたものは、液体塩素でした。」という手紙を出した。数週間後、ロンドンに戻ってきたデイヴィーは、さっそくファラデーにこの実験のことをたずねた。

その後数週間は、二人は、この方法でいろいろな気体の液化に熱中した。デイヴィーは塩化水素の液化に成功し、ファラデーは二酸化炭素や二酸化硫黄などの液化に成功した。しかし、この方法は大変危険で、加熱によって圧力を上げてもなかなか液化しないものがあって、続けているうちに管が爆発したことがあった。そのために、ガラスの破片や熱い液体によって怪我をしたことがあったが、幸い傷は残らなかった。

このようにして、多くの気体の液化が行われた。しかし、水素、酸素、窒素などはいくらやっても液体にならなかった。後になって、すべての気体にはそれぞれについて定まった温度（臨界温度とよばれる）があり、その温度以上ではいくら圧力を加えても液化できないことが明らかになった。

液化のためには、この温度以下であることが必要で、その範囲で圧力をかける等が有効になるのであるが、水素、酸素、窒素ではその温度が極めて低い値であったのである。

またその後、ノースモアという化学者が既に一八〇五年に塩素の液化に成功していたことが判明した。ファラデーの実験より十八年前のことである。そして、ファラデーは雑誌に気体液化の解説を書いたとき、最初の塩素の液化はノースモアによって行われたことを述べた。

現在の王立協会

王立協会々員となる

塩素液化の実験に成功したすぐ後のある日、友人のフィリプスはファラデーの家に立寄り、「王立協会の会員の選考に君を推薦するつもりだ」と告げた。フィリプスは既にその会員になっていたのであった。

この王立協会（ロイヤル・ソサイェティー）というのは、古い歴史をもち、十七世紀半頃から自然研究の愛好者のグループが生まれ、定期的に会合を開いていたが法律的に認められたしっかりした団体となろうと申請して、一六六二年に国王から認可され、「ロンドン王立協会」として発足したものである。早くも一六六五年に学術雑誌（フィロソフィカル・トランザクション）を発行して、研究の発展に貢献し、一八〇〇年には、「プロシーディン・オブ・ロイヤルソサイエティ」を発行して、研究の中心となった。この協会は、英国の科学技術政策の諮問機関となり、またグリニッジ天文台の管理、探検隊の派遣、諸観測事業などにたずさわり、英国の科学技術の指導的存在になった。（現在では、ロンドンの中心地の、（公園のような優雅な所のテラスハウス（道路よりすこし高い所に、何軒か同形の建物が連なったもの）の中に移っている。恐らく、既にそれぞれ各種の機関がつくられて、協会の事業は整理されたのであろう。）

さて、この王立協会は、ファラデーの頃を含めて永い間、最も権威ある協会で、その会員になることは学者として最上の名誉であって、自分の名前に、F・R・S（フェロー・オブ・ロイヤル・ソサイエティーの略）がつくのは、この上ない光栄とされていた。ところで、その会員になるには、推薦書を作り、幾人かの会員の名を連記して協会に提出し、協会では十回ほどそのための集会を行った上で、会員の投票によって決定することになっていた。

ファラデー自身もその頃、会員になりたいものだという希望をもっていた。しかし、心配の種は、ちょうどその時の会長がデイヴィーであることであった。というのは、塩素液化の実験の際に、デイヴィーは自分の指示に従った実験であると思い、成功がファラデーにさらわれたと感じており、表面上は平静であったが、内心おだやかではなく、それ以来何かとぎくしゃくした間柄になっていたのである。

しかし、フィリプスの努力により、二十九名の署名が集り、一八二三年五月一日に推薦文が王立協会で読み上げられた。デイヴィーはそのとき初めてこのことを知り、怒りで顔色が変わった。実は、会長の署名は外国人以外の者についてはもらわない習慣があったようである。

後に、ファラデーが友人に話したところでは、その後次のようなやりとりがあったそうである。デイヴィーは「あの推薦書を取り下げなさい」とファラデーに言った。ファラデーは「私は提出者でないから、自分からは取り下げられません」と言った。デイヴィーは「では提出者に言って取り下げてもらいなさい」と言ったが、ファラデーは「提出者は、署名を集めるのに大変な苦労をしたから、今さら取り下げるとは思われません」と答えた。デイヴィーは「王立協会の会長として自分が取り下げよう」と言った。ファラデーは、「先生は会長だから、会のためになると思われるようになさって下さい」と答えた。

デイヴィーが反対していた理由は、塩素液化のときの感情と、その前の電磁回転の実験のときのウォラストンの研究を横どりしたといううわさとであったろうと思われる。塩素液化の件はすくなくとも表面上は二人の間で了解が得られていたはずであるが、腹の底ではおさまらないものが残っていたかもしれない。

一方、ウォラストンの件については、事実は前に、電磁回転の所で述べた通りであるが、噂はまだ治まっていなかったようである。ファラデーには、あのとき、ウォラストンは既に電磁回転の問題を放棄していたと思われ、また自分も実験の成功があまりにもうれしかったので、結局すぐに発表したのであった。

そうこうしていると、フィリプスがやってきて、近く、ウォーバートンが君を尋ねて来るそうだと伝えた。ウォーバートンは王立協会の有力な会員の一人で、ウォラストンの親友でもあった。ウォーバートンは数日後やって来て、ウォラストンとの件について、ファラデーにそのいきさつの説明を聞いた。彼はその説明をきいて満足したようであったが、最後に、ウォラストンに一日も早く会いに行き、彼との間の問題を解決したほうがよい。彼を訪問すればきっと喜ぶに違いないと言った。

次の週に、ファラデーはウォラストンの宅に二度も尋ねていき、やっと会うことができた。そして、それまでのことを詳しく説明した。ウォラストンは、静かにファラデーの弁明をきいていたが、実は、推薦文を見せられたときすぐに署名したということを話した。そして、この老科学者は、若いファラデーを激励した。

デイヴィーは、その後も、ファラデーを推薦することはよくないとしきりに説いた。しかし、一八二四年一月八日に投票が行われ、デイヴィーの反対票以外、全部が賛成票で、ファラデーはついに名誉ある会員に当選した。

ファラデーの実験室

王立研究所実験室主任

一八二五年に、王立協会会員になってから約一年余りたった頃に、ファラデーは、王立研究所の実験室主任に推薦され、理事会で決定されたということを、ブラント教授から知らされた。そして、そのこともそうだが、推薦したのがデイヴィーであると聞いてさらにびっくりした。つい一年前には王立協会会員への選出にあれだけ反対した人なのにと思った。そして「デイヴィーはやはり偉大な人ですね」とブラントに言った。

ブラントはそのまま化学の教授にとどまった。

金曜講演の開始

一八二三年に、ブラント教授が急に講演を休んだことがあり、ファラデーが思いがけずその代役をおおせつかったが、大変好評を得たことがあった。これが王立研究所でのファラデーの初めての講演であった。

一八二五年二月には、王立研究所の実験室主任になった。主任になると間もなく、ファラデーは研究所の人達のために、実験を見せたり、解説をしたりすることを始めた。そして、自分がやるだけでなく、時

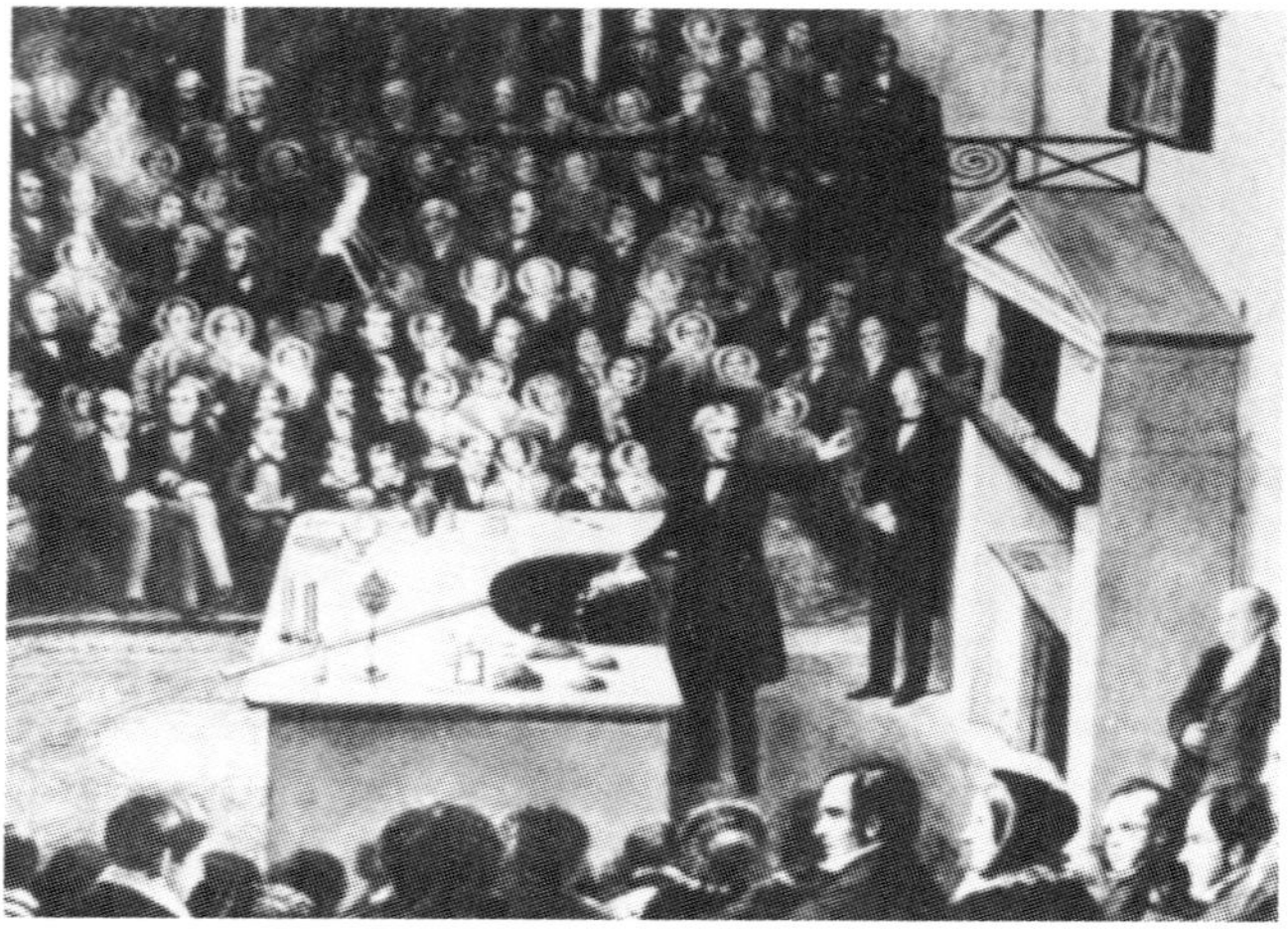

ファラデーの講演

には外から著名な人を頼んできたりした。それは、金曜日の夜に（毎金曜日ではないが）開くことになり、その後も続けられた。これは、「金曜講演」とよばれ、科学の普及のために大変大きな役割を果たした。

一八二七年のクリスマスには、子供達のための講演を六回ほどに分けて、初めて行った。これは非常に評判がよく、その後十九年ばかりも続き、「クリスマス講演」とよばれた。「ローソクの化学」はそのうちの一つで、好評を得、屢々繰りかえされた。

ファラデーの講演は非常に上手で、英国第一の科学解説者といわれるようになった。このように高名になったのは、才能にもよるだろうが、並はずれた熱心さと努力とによるものであった。初めてデイヴィーの講演をきいた時から、話の内容だけでなく、話し方がうまいというような所まで注意していたし、また王立研究所の助手になってからも、各講師の講演ぶりまで注意深く観察し、参考にしようとくわしくノートしていたのである。

また、市民科学協会では、互いに講演をしあったりしたが、ファラデーは、よい講演をしようと、雄弁術の講義をききに行ったり、自分の話をきいてもらい批評してもらったりした。しかし、雄弁術で教わるようなわざとらしい所にはそまらないで、良い所だけをとり入れて、いきいきした話をした。

その熱心さを示すものの一つとして、ファラデーのメモの中に、次のような自粛の項目がまとめてあった。

○決して、ことばを繰りかえさないこと。

○決して、修正するためにもとに戻らないこと。

○ちょってことばを忘れても、エーとかアノーとか言わずに、しばらく待っているとすぐに思い出す。そのうちにこのような悪いくせはなくなって、すらすら続けられるようになる。

○決して、他人の言ってくれる批評を疑わないこと。

また、予め、「ゆっくり」と書いた紙と「タイム」と書いた紙とをつくって助手に渡し、話が速くなりすぎると「ゆっくり」の紙を出させ、終りに近づくと「タイム」の紙を出させるようにしたこともあったという。

こうして、ファラデーの講演は決して声高らかな演説のようなものではなく、人々の頭の中に、静かに自然に入っていくようなものであって、その頭脳の明晰さと、心の誠実さと、実験の完備さとは、聴く人の心に深い感銘を与えたのであった。

ベンゼンの発見

実験室主任になった前後のファラデーは、電磁回転やその他の電気現象に興味をもってはいたが、やはりまだ化学の研究が主であった。一八二五年には、加熱圧縮した鯨油の分解ガスの中から新しい化合物を発見し、ベンゼンとした。ベンゼンの重要性は数十年の後に認められ、構造式も求められた。こうして有機化学の隆盛の基礎がつくられた。

ガラスの研究

一八二五年、王立協会から、一人の天文学者と、一人の機械家とそれに化学者であるファラデーの三人で、光学器械用のガラスの研究をするよう依頼してきた。そして、ファラデーの実験室で爐をつくった。爐の番人として軍人出身の人を雇ったが、軍隊式の盲従で、いろいろと逸話も残した。ある日、ファラデーが、その日の仕事が終ったことを告げるのを忘れたことがあったが、翌朝まで一晩中爐の火をたき続けていたこともあったという。

一八二九年に、ガラス研究の結果を講演し、王立協会に報告を出すことができた。協会からは、良いガラスであるが、望遠鏡のレンズにできるようなもっと大きいものを作ってほしいと言われたが、ファラデーは他の研究が忙しいからといって断った。

この時作ったのは、鉛の硼硅酸塩ガラスで、重ガラスの一種であった。小さかったけれども、後に、光に対する磁気の作用や反磁性を発見するとき、役立つことになる。

電磁誘導の発見

エルステッドが電流の磁気作用を発見して以来、各国の人々は電流と磁気について、いろいろな角度から研究を試みていた。

電磁現象研究の進展

ファラデーが電磁回転を発見してから間もなく、一八二五年に、イギリスの靴屋の子であったスタージャンによって電磁石がつくられた。すなわち、鉄心に絶縁した銅線を巻き銅線に電流を流すと鉄心が磁気をもつことがわかった。

エルステッドの実験や電磁石のように、電流から磁気が発生する以上は、その逆に磁気から電流が発生できないかという考えは、多くの人々がもっていた。ファラデーも、エルステッドの実験をきいてから、その後ずっと考え続けており、いろいろと試みたが成功しなかった。その頃、ファラデーは短い鉄線に銅線を数回巻きつけたものを内ポケットに入れていて、暇さえあれば取り出して、考えていたということである。しかし、何回やってみても思ったような結果が出なかった。ファラデーだけでなく、他の研究者もいろいろやってみても何の結果も出なかった。

また、一八二四年に、フランスのアラゴーが次のような発見をした。羅針盤の磁針を入れる箱の底を銅でつくってみた。すると、普通の箱なら、磁針を動かすと、数十回も振動してから止るのに、この場合は磁針は僅か三回か四回振動するだけですぐに止ってしまった。そこで、アラゴーは反対に銅板を動かしたら磁針も動き出すのではなかろうかと思って、磁針の下にある銅板を回転してみたら、磁針はいっしょに回り出した。

このようにして電磁現象の研究は少しずつ進展し、電磁誘導発見の機運が、誰も知らぬうちに、熟しつつあった。

電磁誘導の発見

記念すべき一八三一年の夏になった。ファラデーは夏の休暇をとって、十年近く考え続けていた、磁気から電流が発生する問題にもう一度取り組んでみようと考えた。そして、一段落したら、サラとの約束通りブライトンに行って一休みするつもりであった。

図(a)のような、直径約十五cm、太さ約二・五cmの鉄の輪をつくり、輪の半分の側に絶縁した銅線Aを何回も巻き、銅線の端を電池につなぐようにし、他方の半分の側に絶縁銅線Bを何回も巻き、その銅線の両端をつないで、その近くに（電流検出用の）磁針を置いた。銅線Aに電流を通してみたら、気のせいか磁針がかすかに動いたように感じられた。そこで、磁針を注意深く見守りながら電流を通してみた。そのとき、確かに磁針が動いた。しかし、電流を入れた瞬間だけで、磁針はす

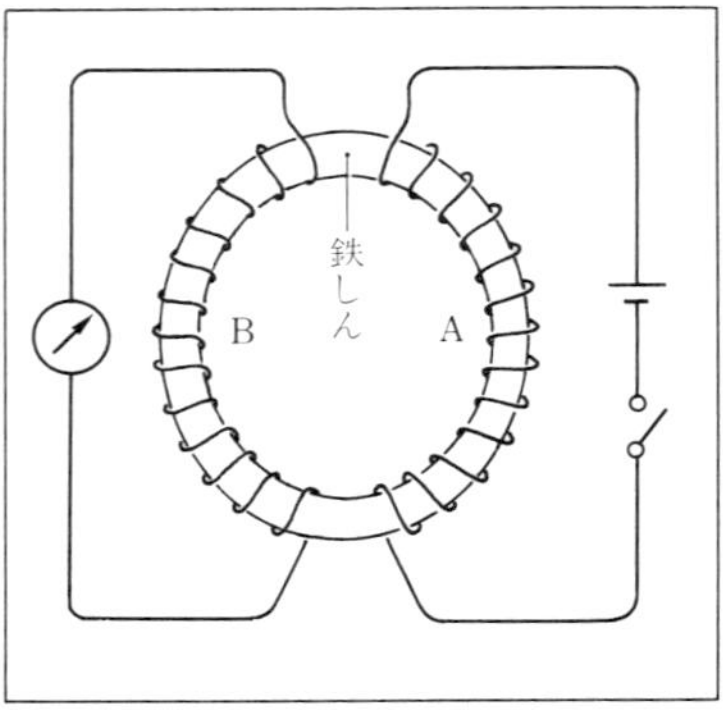

電磁誘導の実験(a)

ぐに戻った。また、Aの電流を切るときも、その瞬間だけ磁針がちょっと動くのを確認した。これは、八月二十九日のことであった。そのときは、ファラデーはその意味が十分には解らなかったが、この事実を書きとめておいた。そして、「この瞬間的な動きは、アラゴーの実験の銅板の動きの原因と関係があるのではないか」ともノートに書きこんだ。

九月二十四日には、図(b)のように、鉄の筒にコイルを巻き、コイルを電流計につないでおき、それを図のように置いた二つの棒磁石の両端の間に置いた。そして、この磁極を鉄筒に接触させたり、引き離したりしてみた。すると、その度に電流計の針が動いた。

十月十日には、次のような実験をした。長い絶縁銅線を板に巻きつけて、両端を電池につないだ。その二つを近くに置いて、電池を入れたり切ったりすると、その度に電流計の針が動いた。その動く向きは、電池を入れるときと切るときとで反対であった。ただし、針が動くのは入れたり切ったりする瞬間だけで、ずっと電池を入れておくと、針はもとの位置にとどまっていた。すなわち、電池を入れたり切ったりする瞬間に、それぞれ反対向きに、電流が流れることが確認された。

十月十七日には、棒磁石を銅線コイル内に差しこむだけで電流が生じ、また、コイル内から棒磁石を引き抜くときには反対向きの電流が生ずることが確かめられた。

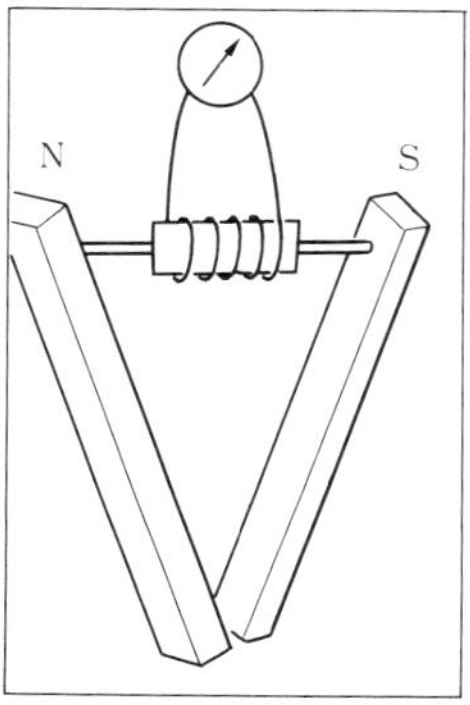

電磁誘導の実験(b)

十月二十八日には、大きいU字形磁石の極の間で、銅板を回わし、予め銅板の中心と縁とを針金で電流計につないでおくと、そのとき電流計が動いた。

十一月四日には、そのときの磁極と銅板との間で、短い銅線を動かすと、作用があると書いたが、そのとき、「銅線が磁気線を切る」という表現を使った。なお、磁気線とは磁気力の線で、鉄粉をおいたとき鉄の粒が並んで描く線となるし、また小磁針をおくとその接線をなすような線であるといっている。これは、今日、磁力線とよんでいるものである。

このようにして、電磁誘導の現象が発見されたのである。それは、動きがあるときに、瞬間的に生ずるものであることがわかった。これまでの実験で、誰が何回繰りかえしてみても、結果が得られなかったのは、磁石やコイルが静止しており、電流も一定の場合を調べていたからであった。

ファラデーは、それまでの実験結果をまとめて、十一月二十四日に、王立協会で報告した。

ファラデーによってこのとき発見された現象は、「電磁誘導」とよばれ、この法則は「ファラデーの電磁誘導の法則」、このとき発生した電流は「誘導電流」とよばれた。

王立協会での講演が終ると、かねてからの予定通りに、南海岸のブライトンに、サラと共に休養に行った。ずいぶんおそくなった時季であったけれども。

その後の研究

ファラデーは、ブライトンで休養をとって帰ると、電磁誘導に関するいろいろな実験を次々と行った。

まず、地球磁気によっても電磁誘導の電流が生ずるだろうと考えて、それを調べ、そのことを確かめた。

また、電磁誘導が発見されると、アラゴーの実験は、それを用いて説明することができた。つまり、銅板に誘導電流が発生すると、その電流によって生じた磁気が、磁針に作用するのである。

さらに、電磁誘導によって電流を作る機械を作ろうと試みた。U字形磁石の両極の間に銅板を置き、銅板と軸との間に銅線をとりつけ、その間に生ずる電流をとり出した。すなわち、初めてのごく原始的な発電機であった。

ここで発生する電流は交流であるが、これを直流に変えるもの、すなわち、整流子もつくった。

このように、電磁誘導を応用して、実用に役立つ電気機械を作って、特許をとってはどうかと奨める友人もあった。しかし、ファラデーは、そのようなことは他の人がやがてやってくれるからといって、自分では深入りしないことにした。

その後で、ファラデーは、電磁誘導で発生した電気が、ヴォルタの電池や摩擦で発生した電気と同じものであることを示す必要があると考え、これが同様の化学作用をもつことを確かめた。これから、電気分解の研究へと進んでいくことになる。

　ファラデーは、次項で述べるように電気分解の研究をしたが、その後で再び電磁誘導の研究をした。

自己誘導の発見

　ジェンキンという人が、一八三四年に、電磁石にまいた針金を、電池の両極板に結び、その針金の両端をそれぞれ両手で握り、電池を切ると、そのたびに、手にショックを受けるということを報告した。他にも、同様の観測をした人があった。

　ファラデーは、これについて詳しく調べだした。そして、回路の電流を切ったり入れたりすると き、余分の電流が生ずることを確かめた。そして、その余分の電流は回路を切るときはもとの電流と同じ向きでこれを強め、回路を入れるときはもとの電流と反対向きでこれを弱めることも確かめた。つまり、自己誘導を確認したのである。

　これは一八三四年十一月十三日のことであったが、翌一八三五年一月に整理して発表した。そこで、コイルに電流を流しておいて切るとき、近くのコイルにも作用するが、もとのコイル自身にも作用すると書いた。今日、自分自身のコイルに作用するのを自己誘導とよび、他のコイルに作用するのを相互誘導とよんでおり、ファラデーが一八三一年に発見したのは相互誘導であるが、両者をあわせて電磁誘導とよんでいる。

　ところが、自己誘導は、アメリカのヘンリーがすでに発見していたのであった。ヘンリーは少年の頃、時計屋の徒弟をしていたが、グレゴリーの著書を読んでから科学への志を立て、学校に入って勉強した人である。初めに手がけたのは電磁石で、スタージャンが作った電磁石の徹底的な改良を行うことであった。コイルの巻き方や電池のつなぎ方など、いろいろな方面から電磁石の力を強くする方法を調べていた。調べているうちに、長いコイル状の針金に流していた電流を断つとき、火花が閃くのを認め、一八三二年に公表していた。

したがって、自己誘導を始めて発見したのはヘンリーであって、その二年後にファラデーも独立にこれに気づいたのであった。

なお、ヘンリーはこの年にプリンストン大学教授になっており、このとき使った電磁石はプリンストン大学に保存されている。また、ファラデーが一八三一年に使った電磁石も、（その他のファラデーが使っていたものとともに）王立研究所に保存されている。

電気分解・静電気その他の研究

電気分解の研究

電磁誘導を発見したファラデーは、電磁誘導で発生した電流が電池などから発生した電流と同じものであることを確かめるために、これらの電流が熱作用、磁気作用や化合物の分解などについて同一の働きをもつことを調べて、それを確かめたが、こうしてかねてから気にしていた電気の伝導や電気分解作用の研究に入っていった。

まず、水は電気を導くが、これが固体になって氷になると電流が流れなくなる。そこでいろいろな物質について、固体のときと液体のときとで、電流の流れ方についてどれだけの違いがあるかを調べていった。その結果、金属では、固体のときでも液体のときでも同様に電流はよく通った。また、脂肪では、固体のときでも液体のときでも電流が通らなかった。しかし、その他の物体では、固体のときは電流が通らないが液体のときは電流が通るようになるものがあり、塩化鉛や塩化銀などの化合物はそうであった。そして、液体になって電流が流れる場合には、その物質が分解して電極に集ることを確かめた。その結果、電極に集る（析出するという）物質の量は、電極の大きさやその金属の種類やまた両極間の電圧などには関係しないで、通った電気の量だけによって定まるこ

とを確認した。すなわち、

析出する物質の量は、その間に流れた電気量（すなわち電流と時間の積）だけに比例する。

という結果を得た。

また、このとき、電極に物質が集ってくるのは、電極の特殊な作用によるのではなく、物質が液体になっているとき、すでに二種類のものに分解していて、電流が通るときそれらが反対向きに流れて、電極に集るだけであることを確かめた。すなわち、電極が力の中心になり、そのはたらきで（遠達作用的に）溶液内の分解が起こるのではないことについていろいろな実験をして確かめた。また、電気分解によって発生した気体は電極に集ることなく逃げていくのも電極が特別な作用をもたないことから説明された。

この結果は、一八三三年六月に発表された。

このように、電極といっているのは、磁石の磁極のような特別なものではないので、力の中心を思わせる極（ポール）ということばを使うのは適当でないとし、単に電流の入口と出口にすぎないから、アノード（アン・オード、上り道）、カソード（カト・オード、下り道）と名づけた。そして、液体内で分解しているものを、アニオン（上っていく物）、カチオン（下っていく物）とよんだ。両者共通にはイオン（行く物）である（アニオンはアン・イオン、カチオンはカト・イオン）。なお、ファラデーは、このように新しい名前をつける場合には、当時博学の人といわれていたケンブリッジ大学教授のウィーウェルという人に相談していた。

さらに、ファラデーは、定量的にくわしく調べようと、まず電気量を正確に知るために、水の電気分解によって発生した気体の量で測る装置（今日ボルタメーターと呼ばれているもの）をつくった。これを使って、いろいろと多くの物質について調べた。その結果
一つの物質はどのような化合物となっているかには関係なく、一定の電気量によって一定の量だけ析出する。

ということを確かめた。そして、物質によってその一定量は、それぞれ定まっており、それらの間の割合を電気化学当量とよんだ。したがって、一定の電気量によって一定の電気化学当量だけの物質が析出することになる。

これは、一八三四年六月に発表した。このようにして、電気分解の法則の第一段と第二段とが発見されたのである。

ウィーウェル

静電誘導の研究

ファラデーは一八三五年から静電現象の研究を進めていた。クーロンの頃（一七九〇年頃）には、電気を帯びた物体間には、その間にあるものを通りこして、直線的に、直接に力が働き、引きよせたり反発したりすると考えられていた。ファラデーは、この考えは

間違いで、電気分解のとき、イオンが直接的に進まないで、曲った道を通って進むような具合にして、相接した部分に次々と力を働かせあいながら伝えられるのではなかろうかと考えた。つまり、空気などの媒質中の分子が正と負の電気をおびることによって力を作用しあい、それぞれの曲線にそって力が伝えられると考え、実験によってこのことを確かめた。そしてこれらの曲線を力線とよんだ。絶縁体は、このようにして電気力の伝播を行うので、この種の媒質を電媒質（今は誘電体と訳されている）とよんだ。このとき、電媒質中の隣りあった分子の電気は正と負で打ち消しているが媒質の両端で、電気が現われることになる。

ファラデーは更に、二つの帯電体の間にはたらく電気力の強さが、その間にある絶縁体の種類によって違うことを見出した。そして、その違いを比較するものとして、現在比誘電率とよばれている概念を導入した。これを調べるためファラデーが用いた実験装置は、二つの同心球を両極板とし、その間にいろいろな絶縁体を入れて、両球間に電圧をかけるという方法で、今日同心球コンデンサーとよばれるものである。ファラデーは空気の場合を基準の電媒質とし、他の電媒質（絶縁体）をつめた場合の両球間にはたらく作用が、空気の場合の何倍であるかを調べた。例えば、硫黄では二・二六倍、ガラスでは一・七八倍等となった。この値が「比誘電率」とよばれるものである。

コンデンサーに媒質をつめると、コンデンサーの電気容量（電気を蓄える能力）が、この誘電率に比例して大きくなることがこれで明かになった。今日、コンデンサーの電気容量の単位が、ファ

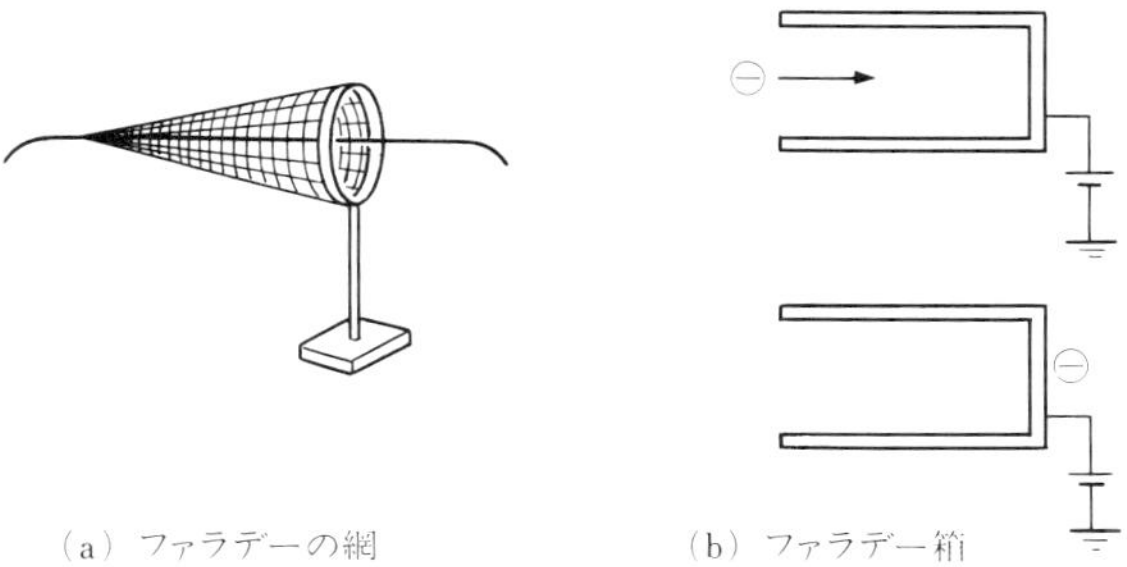

（a）ファラデーの網　　（b）ファラデー箱

ラデーの名をとって「ファラッド」とよばれるのは、ファラデーのこの方面の功績を記念するためである。

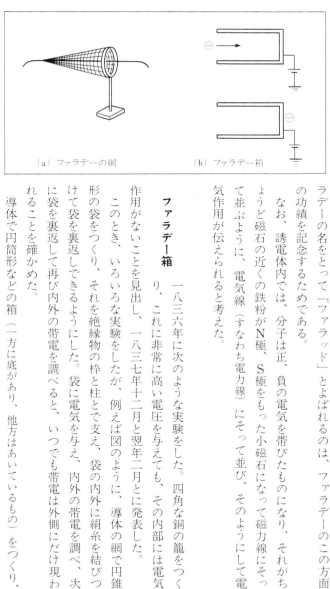

なお、誘電体内では、分子は正、負の電気を帯びたものになり、それがちょうど磁石の近くの鉄粉がN極、S極をもった小磁石になって磁力線にそって並ぶように、電気線（すなわち電力線）にそって並び、そのようにして電気作用が伝えられると考えた。

ファラデー箱　一八三六年に次のような実験をした。四角な銅の籠をつくり、これに非常に高い電圧を与えても、その内部には電気作用がないことを見出し、一八三七年十二月と翌年二月とに発表した。

このとき、いろいろな実験をしたが、例えば図のように、導体の網で円錐形の袋をつくり、それを絶縁物の枠と柱とで支え、袋の内外に絹糸を結びつけて袋を裏返しできるようにした。袋に電気を与え、内外の帯電を調べ、次に袋を裏返して再び内外の帯電を調べると、いつでも帯電は外側にだけ現われることを確かめた。

導体で円筒形などの箱（一方に底があり、他方はあいているもの）をつくり、これに電圧を与える。入口から、電子などの電気を帯びた粒子が入ると、その電気は箱の外側に現われ、箱の外側につないだ電位計によって入射した電気量が測定できる。このような装置を「ファラデー箱」とよんでいる。

真空放電の研究

気圧をきわめて低くした気体の中での放電（低圧気体放電または真空放電）の現象は、一八三五年に見出された。この年に、フランスのマソンはトリチェリの真空の中で放電を行った。さらに、ガシオは、種々の気体を僅かに入れた管を作って、それを行った。その後、ドイツのプリュッカーは、ガラス職人であったガイスラーに指示を与えて作らせ、これによって、この種の実験をするのに非常に優れた管ができ上がった。プリュッカーの提唱により、これを「ガイスラー管」とよぶようになった。

これらの管の中で行う放電は非常に美しいものであった。ファラデーはこの現象に興味をもち、調べているうちに真空管内の陰極に近い所に、暗い部分ができることを発見した。一八三八年三月に発表したが、これを「ファラデー暗部」といっている。

年金問題

一八三〇年頃、ファラデーは外部から依頼された化学分析その他の仕事によって年間一〇〇〇ポンド程度の別収入を得ていた。ファラデーの心掛け次第ではもっと増すこともできたはずであった。後にティンダルが調べたところによると、どうやらその頃、十分な金を得るか、研究に没頭するかについて真剣に考えていたようである。それは、一八三一、二年の頃であったようで、殊に、電磁誘導を発見した頃、電気機械の発明に進み、富を得たらどうかという友人の奨めにも応じなかった頃がそうであったようである。こうして、その頃、大きい収入を得ながら盛んに研究することはとても出来ないことであるから、収入のことは考えないで、研究一筋に進もうと決心したようである。というのは、ティンダルが収入書を調べたところでは、その頃から年ごとに別収入は減る一方で、一八三八年以後はほとんど皆無といってよいようになった。

ファラデーは、一八三三年に王立研究所の化学教授になった。

しかし、友人達はファラデーが小収入にあまんじていることを心配していた。一八三五年の初め頃、友人のサウス卿からの手紙により、時の総理大臣ピールが、ファラデーに年金を送ることを考えているという知らせがあった。しかし、ファラデーはサウス卿に、年金は必要ないので受け取れないといって手紙を出した。ある日、義父のバーナードにこのことを話したら、びっくりして、当然受け取るべきだといった。そして、年金というものは、政府が君のような立派な業績をあげた人に贈ることのできる名誉であるとさとし、今は必要なくても人間というものはいつどのようなことがないとも限らないからと付け加えた。ファラデーは、その頃、時々めまいがしたりしてひそかに心配していたことを思い出し、義父の意見に同意し、さっそくサウス卿に手紙を書いて、「今は年金を受け取る必要がないが、将来はよろしく頼みます」と述べた。

しかし、間もなくビールは総理大臣を辞職し、変わって、メルボーンが総理大臣になった。そして、その年の十月に、ファラデーはメルボーンからの手紙を受け取ったが、彼のために出されている年金の申請について、討議するために面会したいということであった。

ファラデーは出かけていって、まずメルボーンの秘書官に会った。そのとき、以前に初めて年金の話が出たときに、異議を述べたことの理由をきかれた。彼は、まだ自分で生活ができるだけの収入が得られること、そして宗教上の理由から余分な金を得たくなかったことなどを話した。その他、研究所のことなどを話しているうちに、首相執務室によばれて、メルボーンに面会した。

メルボーンは、あなたが偉大な業績を上げられ、それがわが国民の幸福のためになっていることに誰も疑いはないところですと述べたが、次のことをつけ加えた。「科学者や文学者に年金をおくることは、自分としては、実は不賛成で、これらの人達は何かするとすぐ年金を要求してくるが、この仕組みはまやかしものだ」と。

これを聞いたファラデーは、立ち上り、「失礼します」といって帰ってしまった。

しかし、ファラデーは帰宅すると、この問題に気持ちよく決着をつけるのに、メルボーンに手紙を出したらというサラの意見に同意して、断わりの手紙をていねいに書き、「閣下の御意見のような性格をもったものであれば、閣下の手からそれを心から満足して受け取ることはできません」と述べた。

しかし、問題はそれで片付いたわけではなかった。ファラデーの友人達はこれを聞いて怒り、知らないうちに、この面会のことを雑誌に出し、それがまた新聞にも出た。英国王ウィリアム四世までこの事件を心配して仲裁に入った。メルボーンは自分のことばは本意ではなく誤解されたので、ファラデーを侮辱するつもりはまったくなかったと述べた。そして、ファラデーはメルボーンから弁解の手紙を受けとると、メルボーンにていねいに受理の手紙を書いた。

こうして、一八三五年十二月に、三〇〇ポンドの年金が認められた。これで、最も尊敬された科学者が被ったことについての人々の怒りも消えた。

四年間の静養

真空放電の研究の後、一八三八年三月にファラデーの母マーガレットが亡なった。ファラデーはその数年前から時々めまいがして、ひそかに心配していた。それで、時々仕事を減らしたり、休んだりしたが、やはりめまいの発作は時々起こり、記憶力も減退してきた。一八三九年の終り頃から、それが特にひどくなった。

友人達は大変心配して、二、三年静養させなければならないと相談していた。医者も転地療養を奨めたので、サラとその弟ジョージ＝バーナードとがつき添って、スイスに長期療養に出かけた。時には、姪のライドがジョージと交替することもあった。

スイスの田園地方に行って九か月ほど静養したが、その間ファラデーは、むづかしいものは何も読まず、会話らしい会話もしないで、静養に務めた。

田舎の家を借りていたときは、窓から、木の上の鳥の巣に母鳥がえさを与えにやって来る様子や、小羊が家のところまでやって来る様子などを、喜んで眺めていた。朝日が昇るのを見るのが好きで、姪に、早く起こしてもらったり、入日の沈むときの情景も好きで、暗くなるまで眺めていた。また、バイロンやコルリッジの詩を読むのも好きで、時には声を出して読んだり、涙を流したりしていたということである。

こうして、真面目な養生とみなの熱心な看護とによって、その効果が少しずつ現れだし、精神力も徐々に回復しだした。

その後、イギリスに帰ってからも、仕事をしないで静養に務めた。約四年間のこのような養生を続けた後、少しずつ仕事に戻り始め、ぼつぼつと講演をしたり、依頼された調査のための小旅行をしたりした。

こうして、一八四五年の中頃になって、ほぼ回復したように思われ、頭脳もはっきりとし、気力も戻ってきた。再び研究が始められるという喜びにあふれていた。

磁気光学・反磁性その他の研究

健康を回復したファラデーは、一八四五年の八月に次のような研究を始めた。ファラデーは、休んでいる間、電磁気と光との間に何か関係がありそうだという考えを持ち続けていたので、それを調べることにした。

磁気と光の関係の研究

まず、電気分解をしている液体の中に偏光を通してみた。電流の方向を偏光の進む方向にしたり、それに直角にしたりしてみた。また、電流を交流にしたり、直流にしたりしてみたり、蒸留水を使ったり、砂糖溶液や稀硫酸などといろいろ取りかえて使ってみたが、何も変わったことが起らなかった。

次に、固体の絶縁体の両面に電極をつけて電圧をかけ、偏光をいろいろな方向から絶縁体にあててみたが、変わったことは何も起らなかった。

そこで、こんどは磁気力を使ってみることにした。透明ないろいろな物質に、いろいろな方向から磁力をかけ、同時に偏光をあてて、出てきた偏光を調べた。物質としては、空気、普通のガラス、水晶などといろいろ変えて調べてみたが、何も変わった作用は起らなかった。

そこで、最後に、以前にガラスの研究をして作ったことのある重ガラスをとってやってみた。偏光のあて方と磁気力のかけ方をいろいろと工夫しているうちに、逐に、この場合、偏光に作用し、通過して出て来た偏光の面が回転することを発見した。それは、一八四五年九月十三日のことであった。

数日後に、強い磁石を借りてきて、実験しなおしてみたら、偏光の面の回転する角は磁力の強さに比例することを見出した。また、前に成功しなかった物体についても強い磁力でやってみたら、結果が得られた。

このような現象は「ファラデー効果」とよばれている。

その後、磁気力を加えた金属の表面に光をあてたときの反射光とか、その他いろいろ光と磁気力が関係する実験をやってみたが、明確な結果は得られなかった。しかし、後になって、実験技術が進歩してから、その結果が確かめられたものが、これらの試料の中に多数あった。

反磁性の発見

光と磁気の研究は二か月くらいですんだが、それが終ると、静養していた間に考えていたもう一つの問題にとりかかった。それは、磁性体と非磁性体に関することであった。

まず、強い磁性をもつものとして鉄とニッケルがあるが、その他の物質はどうであろうかと調べた結果、この他にコバルトも同様に強い磁性をもつことがわかった。

次に、磁石の作用で磁性を生じない、いわゆる非磁性体について、先きほどから借りていた強い磁石を用いて実験を繰りかえしてみた。そうしたら、磁性をもたないと思われていた物質も、みな磁性をもつようになることを見出した。

まず、以前に使った重ガラスの小さい棒を取り出して、磁極の間につるし、電磁石に電流を通じて磁気を生じさせると、ガラス棒は回転して磁気の方向に直角な位置になった。手で動かしても、その位置に戻った。鉄やニッケルの棒は磁気の方向に磁性を生じ、磁石に引きつけられるので、磁気方向を向いて止っているが、この場合には磁気の方向と反対の向きに磁性を生じ、磁石に反発するために横方向に向くことになる。

そこで、その他いろいろな物質を取り、ガラス、硫黄、粉、液体、酸など非磁性体とよばれていたものについて、次々と調べていったところ、みな同様の結果が得られた。特に、ビスマスはこの性質を強く示した。これは、一八四五年十二月に発表した。

このように、磁力をかけないとき磁性をもたないものに、磁力をかけると（弱いけれども）反対向きの磁性を生ずることがあるが、この性質を「反磁性」とよんだ。こうして、すべての物質は、それぞれの磁性を生じ、全く磁性を生じない物質はないことがわかった。

ファラデーは、これらの輝かしい成果について、いろいろの方面から表彰された。

しかし、そのような喜びもつかの間で、一八四六年八月に、兄ロバートが、車に乗っていたとき、交通事故にあって亡くなった。大変仲がよくて、互いに頼りにしていただけに、兄の死はファラデーにとって大きな打撃であった。

ファラデーは再びもの忘れがひどくなり、めまいが起こり、数か月の間再び休養せざるを得なかった。

やがて回復すると、次のような実験をした。ビスマスの結晶を一様な磁場につるすと、一定の方向をとることが確かめられた。これは、その結晶構造に方向性のあることを示している。アンチモニーについても同様の性質があることがわかった。これは、一八四八年十二月に発表した。

光の電磁気説

ファラデーが一八四六年に、王立研究所で行った金曜講演の中で、「光および熱放射は物質の間にある電気磁気線の振動である」という議論がある。すなわち、電気線、磁気線が振動するのが、光や熱放射であるという考えである。このことは雑誌にも発表した。ファラデーとしては、実験のつかない純理論的なめずらしい議論であるが、これまでのいろいろな実験的経験から得られた確信といえよう。この考えは、後にマクスウェルによってとなえられた光の電磁波説に相当するもので、マクスウェル自身も、そのことを述べ、ただファラデーの当時は光の速度を計算する材料がなかったのが、違いであると述べている。

なお、一八五〇年頃、ファラデーは以前から考えていた「重力と電気との関係」について実験してみたが、はっきりした結果が得られなかった。このことは、十一月に発表した。

ファラデーが一八三一年に行った電磁誘導の実験の結果は、定性的な結果であった。

電磁誘導と磁気線

電磁誘導の定量的なことについてはその後間もなく明らかになってきた。まず、一八三四年に、ロシアのレンツにより、誘導電流の向きについての法則が見出され、やがて一八四五年にドイツのノイマンがコイル内の磁力線の変化からコイルに発生する誘導電流を数式で表わすことに成功した。ファラデー自身も、一八五一年の後半に、定量的な実験に成功した。すなわち、一様な強さの磁力がかかっているところで、針金を一様な速さで動かすとき、電磁誘導によって生ずる電流の強さは、運動の速さに比例し、したがって単位時間に針金が切る磁力線の数に比例することを確かめた。これは、ノイマンの式と同等なもので、このことをもとにしてノイマンの式を導くこともできる。

なお、ファラデーは、一八五二年に王立研究所で「磁力線について」と題して講演し、また王立協会の雑誌にも出し、電気磁気の伝わり方について述べた論文は有名である。

復氷の研究

ファラデーには次のような研究もある。一八五六年に、水の結晶すなわち氷について、復氷の現象を確かめた。二個の氷の塊を合わせて圧すると、氷点より高い温度の所でも、二つは固まって一個の氷の塊になった。これを「復氷」というが、圧力が大きくなると、氷点が上るためである。

晩　年

王立協会会長を辞退

王立協会の会長は、英国の科学者にとって最高の名誉とされていた。一八五七年に、当時の会長が辞めたとき、委員会でファラデーを推薦することになり、代表がそのことをファラデーに伝えに来た。みなが熱心にすすめたが、ファラデーは受けなかった。ティンダルも盛んにすすめたが、そのような責任の重い地位につくことをすすめないでくれといった。ティンダルによれば、ファラデーには、王立協会の組織について気にそまない点があり、会長になればそのままではすまされないので、かなわないという気もあったのではなかろうかということである。ファラデーは、何でも引き受ける以上は、誠心誠意務めて完璧にしとげるという人であったから。

ティンダル

以前、王立研究所でも、研究所長が死んだとき、ファラデーは所長に推されたことがあったが、受けなかった。

また、もっと若いときに、ファラデー卿となることを辞退したこともあった。最後まで、マイケル＝ファラデーのままでいたいと言っていたともいわれる。

教会の長老

ファラデーは、教会にはきわめて真面目にかよっていた。そして、一八四〇年から四年間教会の長老をつとめた。

ちょっとした誤解があってやめることになったが、なお熱心にかよっていたので、一八六〇年から再び長老になった。しかし、一八六四年には老齢のためにやめた。

ファラデーは教会で説教したことも度々あったが、科学講演のときのような生き生きしたところは無く、ただ聖書から取り出した話を信心深く真面目にするだけであった。

また、神による自然界の支配ということについてあまり深く考えたようすもなく、科学と宗教は別の物と思っていたようである。ファラデーの属した宗派では聖書だけが神の教えであるということで、それをそのまま受け取るだけであった。

ファラデーは非常に慈悲深い心の持ち主で、よく施しをしたが、みな個人的なもので、いわゆる寄付はしなかったようである。

ハンプトンコートの邸宅

アルバート公（ヴィクトリア女王の夫君）は科学愛好者でもあり、ファラデーをかねてから称賛していた。ファラデーが王立研究所の中で、夫妻で長い間住んでいるが、年をとると急な階段の上り下りにも苦労していることが、ヴィクトリア女王の耳にも伝わった。アルバート公の提議により、ヴィクトリア女王から、ハンプトンコートの離宮の近くのすばらしい環境の中にある邸宅の一つを、ファラデーに使うようにと伝えられてきた。（ハンプトンコートはロンドンの中心から西南に十五km程の所の、テームズ川ぞいにある〔ウィンブルドンの西十km位〕）

ファラデーは、あまりに広すぎてとても維持できないと考えて、お受けするのを躊躇していた。女王はこれを聞かれて、家の内外を全部修理して、こじんまりと、使いやすいようにされた。ファラデーは、一八五八年にそこに移転した。

しかし、王立研究所の室はそのままにしておき、時々出かけていって使っていた。

ハンプトンコートの邸

王立研究所教授を辞任

ファラデーも七十歳が近くなると段々と健康が衰えてきた。クリスマス講演も一八六〇年が最後になった。

翌年の一八六一年十月に、ついに王立研究所の教授をやめ、管理人というだけになった。七十歳のときであった。

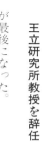

辞任を申し出るとき、研究所の幹事に送った手紙には、「四十九年の長い間、御親切にしていただき、おかげ様で幸せに暮すことができ、自分の希望通りの生活ができたことについて御礼の申し上げようもありません」という旨のことがていねいに書かれていた。ファラデーにとって、仕事も生活も、すべてをひっくるめた舞台であったので、感慨もひとしおであったであろう。

最後の実験

一八六二年三月十二日に行った実験が最後の研究になった。それは、磁場が光に及ぼす影響に関する実験で、分光器のスペクトルが、発光体にかけた磁場によってどのような影響を受けるかを調べたが、明らかな結果は見出せなかった。ファラデーが七十一歳のときの研究であった。

これについては、三十五年後の一八九七年に、ゼーマンがこの場合のスペクトルが、発光体にかけた磁気力によって影響を受けることを見出し、「ゼーマン効果」とよばれている。ファラデーは、人並みはずれた、すばらしい洞察力をもっていて、時代をはるかに先んじていたのである。

ここで、ファラデーとその実験とについて振り返ってみよう。ファラデーにとって実験とは何であったろうか。それは、彼の科学としてのすべてであり、喜びそのものであった。若い頃から老年になるまで、何ごとでもみな自分で実験してみてはじめて納得し、また実験がうまくいくと大喜びをし、他人の実験でも成功すると目を輝かせて喜んだ。

ファラデーは、実験を他人にやらせてみるということは全くなく、すべて自分で手を下して実験をしなければ納得しなかった。

また、ファラデーは一つの実験をすると、電気でも磁気でも光でも、その強さをさらに数倍に強くしてもう一度実験してみて、さきに成功したものでも新しい結果がでないかを調べ、さきに成功しなかったものでもこんどは何か結果がでないかを調べた。

ファラデーは実験を始めるとき、あらゆる方法を考えてやってみ、結果がでなければさらに別の方法を考えるということを繰り返し、つねに新しいものを求めていた。とにかく、実験に対する熱心さというものは非常なものであった。

殊に新しい実験は大変喜び、外国から来た人が新しい実験をしてみせると、子供のように身をおどらせて喜んだ。

ティンダルは「ファラデーは世界の生んだ最大の実験科学者である」と書いた。この評は、その後多くの人々によっても述べられた。

著書「電気学の実験研究」

ファラデーは実験研究のことを始めいろいろなことを、細かく書きとどめていた。中でも電気関係の研究については「電気学の実験研究」（全三巻）として、まとめて出版した。そこには、実験について、それを思いついたときの考え方や実験の細部などを始め、うまくいったことも、うまくいかなかったことも、日記のようにして詳しく書きとめてある。これによって、ファラデーの研究を詳しく知ることができる。

この本は、研究者にとってきわめて貴重な存在になった。これを精読して、自分の研究の着想を得た人がどれくらいあるか知れない。またファラデーが十分な結果を得なかったことも、後で、進歩した装置を用い、繰り返し実験することによって成果を上げた人も多い。

最後の金曜講演

一八六二年六月二十日が最後の金曜講演になった。それは、「ジーメンスのガス炉」という題であった。悪いことには、用意しておいたノートを焼いてしまったこともあり、いつものようにすらすら話をすることができず、時々つかえてしまった。さすがのファラデーも、もう力が弱っていることが、他の人の目にもわかるほどで、ファラデー自身もついにこれが最後の講演と自覚したということである。

この後も、他人のする講演を聴きに行ったことはあるが、自分でするのはこれが最後になった。それ以来、いろいろとしていたことから、一つ一つ身を引いていった。

なお、ここで、ファラデーが金曜講演において、新発見と実用とに関して言及したことについて述べておこう。

ファラデーが塩素について講演したとき、終りに、次のことをつけ加えた。

新しい発見があると、すぐに、何に役立つかと聞く人がある。フランクリンはそのようなとき、「新発見というものは、赤ん坊であって、赤ん坊は何に役立つかと聞くのと同じだ」と答えた

そうであるが、私なら「これを役立つようにしていただきたい」と答えたい。

そして、塩素が発見されたときは、実用的な役には立たなかったが、今では化学工業上きわめて重要なものになっているということを述べてしめくくったという。

ファラデーは新しい現象を発見することに一生を捧げた人で、これを実用化することは他人にまかせることにしていたのである。ある程度研究を進めて、実用に近い所までやっても、急に方向をかえてしまった。そしてファラデーの経済的安定を心配した友人達のすすめにもかかわらず、一度も特許をとったことがなかった。

しかし、決して実用を軽視したのではなく、金曜講演では、いろいろと有用な発見や発明についての説明をしばしば行った。結局、新しい発見ということが自分には最も合っていると思っていたのであろう。

王立研究所の辞職

一八六五年には、王立研究所の管理人もやめ、住んでいた室も返し、実験室もたたんでしまい、王立研究所から完全に身を引いた。このとき、ファラデ

ーは七十四歳であった。

すでに、一八五四年から、王立研究所の物理学の教授になっていたティンダルが、後任になった。

静かな永眠

ファラデーは次第に衰弱していき、記憶力は著しく悪くなり、一八六五年の末から特にひどくなった。ついには、自分で自由に動けなくなり、知覚もひどく弱くなった。何も言わず、何にも注意をむけないで、ただ、安楽イスによりかかってぼんやり夕日を眺めていることがよくあった。サラが美しい虹が見えると言ったら、大変喜んで窓べにいって眺めていたということである。

ファラデーは、一八六七年八月二十五日に、ついに、安楽イスによりかかったまま、眠るようにしてこの世を去った。こうして、古今最大の実験家マイケル＝ファラデーは、ハンプトンコートの屋敷で、七十六歳で没した。遺志によって、葬儀はきわめて簡素に取り行うことになり（折から夏休中でロンドンにいる人も少なかったこともあって）親族と数人の知人とで行われて、ハイゲート墓地（ロンドン北郊）に葬られた。

II マクスウェルの一生と人となり

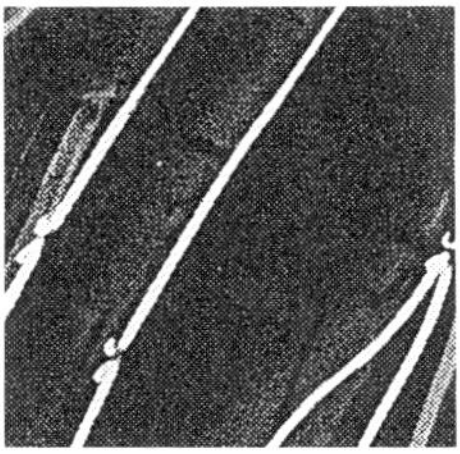

幼年時代

調べまわる子供

十九世紀に入ってその三分の一ほど過ぎた頃、スコットランド南西部の田舎にある領主の屋敷で、父と母の愛情を一身に集めて育っている利発な子供がいた。彼は大変詮索好きであり、大人にきくよりも、どうなっているかを自分で調べまわっていた。殊に、身のまわりにあるいろいろな仕掛けや、自然界で起こるいろいろなことの仕組みについて熱心であった。そういう幼い息子に、父は目を細めて、喜んでいた。

これが、われわれのもう一方の主人公、ジェームズ＝クラーク＝マクスウェル（以下マクスウェルまたはジェームズと呼ぶ）の幼少の頃の姿であった。

当時の話はいろいろと残っている。例えば台所の召使を呼ぶための呼鈴がわりの鐘が、壁にうめこんだ管の中に針金を通して、いろいろな部屋から鳴らすことができるようになっていた。部屋の隅をまがる所では蝶番（ちょうつがい）が使われていた。二歳十か月のとき、彼は、いろいろの所から鳴らしてみて、どのようなルートで通してあるかを調べていた。

六歳のときのことであったが、秋の収穫の後で、納屋で行われた舞踊会のとき、踊り手には見むきもしないで、バイオリンを弾く人の前にじっと立って、弓の動きによってどのようにして音が出るかと、しきりに見つめていた。

これらの、マクスウェルの幼少の頃の逸話については、母がその妹ジェーン（彼の叔母）と交わした手紙や、父の妹の娘ジマーイマ（彼の八歳年上の従姉で画家になった人）の画いたスケッチなどにより、いろいろのことがわかっている（キャンベルとガーネットの書に絵入りで収められている）。ジマーイマは八歳も年上の従姉であるのに、絵では自分を年下の女の子のように画いている）。

家系

マクスウェルの先祖は、クラーク家とマクスウェル家というスコットランドの由緒ある二つの家系が交わりあっている。クラーク家はスコットランド中部のエジンバラあたりにあり、マクスウェル家はスコットランド南西端あたりにあった。

（マクスウェルの）曾祖父にあたるジョージ＝クラークはマクスウェル家のドロテアと結婚し、ジョージ＝クラーク＝マクスウェルと呼ぶことになった。その次男のジェームズがマクスウェルの祖父であるが、その人にジョージとジョンの二人の男の子があった。ところで、曾祖父の家督を相続していた長男ジョンが死んだとき、その人には子供がなく、またその弟（マクスウェルの祖父）も数年前に亡くなっていたので、弟の子が相続することになった。結局、長男のジョージ（マクスウェルの伯父）がエジンバラ南郊のペニクイックを相続し、次男のジョン（マクスウェルの父）はそ

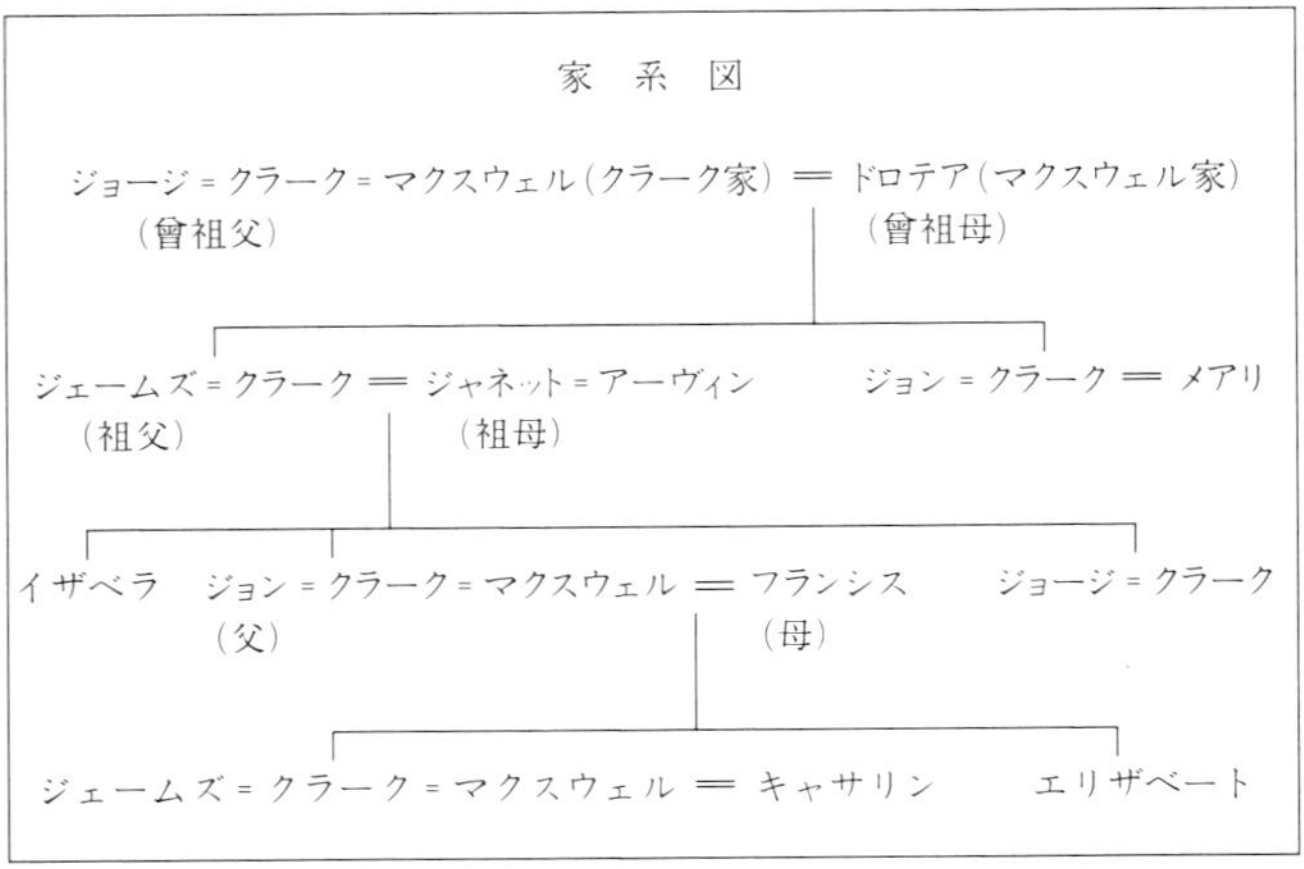

の祖母ゆかりのミドルビー（スコットランド西南部のコルソック村）を相続し、ジョン＝クラーク＝マクスウェルと呼ぶことになった。これは、祖先の人が、ペニクイックとミドルビーは別の者が相続することに定めていたことによる。もし、それがなければ、長男のジョージが両方を合わせて相続し、彼の父は何も相続しないでクラーク姓のままであったはずであり、したがってジェームズ＝クラーク＝マクスウェルもジェームズ＝クラークであったはずである。

なお、エジンバラには、国立肖像画美術館というのがあって、スコットランド史の偉人の肖像画が展示されているが、その中に一族の人々のもある。

父とエジンバラの生家

父ジョン＝クラーク＝マクスウェルは、若いときにミドルビーの領主となったが、田舎の領地には行かず、都会で暮すのを好んだ。エジンバラ大学で法律学を修め、弁護士になった。裁判所の会議にも出てはいたが、彼は弁護士の仕事はいやしいものとしていやがっていた。傍から見ても、身の入らない怠け者の弁護士であった。

ただ、仕事の合間に、科学実験をするのが楽しみであった。そして、エジンバラ王立協会の定例会議に聴衆の一人として出席し、学者達の話に聞き入ることがこの上ない楽しみであった。

この人の兄ジョージが成人して、相続した領地のペニクイックに行ってから、ジョンは母とともにエジンバラに残っていたが、一八二〇年に、ジョンとその母と妹とのために、エジンバラのインディア街十四番地に三階建の家が建てられた。これは、表から見ると三つの家が僅かに違う高さに密着して建てられているという感じであるが、内部は有機的につながった一軒の家のようになっていて、必要に応じて切り離したりつないだりすることができるようになっているということである。このような建て方は、大勢の身内が大家族として住むのに適したもので、大家族制度であった当時のスコットランドではよく用いられた形式であったそうである。

新築の十一年後に、この家で、マクスウェルが生れることになる。写真の中央の家（窓の全部にさんがありカーテンがない）であるが、入口の右にある二つの窓の間の、人の目の高さあたりの石（横八〇cm、縦二〇cm位）に

マクスウェルの生家

JAMES CLERK MAXWELL
Natural Philosopher
Born here 13 June 1831

と書いてある（入口の扉の上にあるとばかり思っていたが、行ってみるとこのような所に、感じよくはめられていた（一九九〇年））。

前の道はかなり広く、きれいな石畳になっていて、道の手前は公園のようになっていた。このあたりは古い住宅地らしく、このような感じの所が数百メートルの広い範囲に続いており、それが二百年近くもそのまま保たれている。元来、エジンバラはスコットランドの都として古くから整ったまちであるが、管理が極めてよく、旧い地区はよく保存されて、イギリスで最も整った美しいまちといわれている。ただ写真でもわかるように、家がくすんでいる（イギリスでは多かれ少なかれそうである）が、とにかくエジンバラは最も風格があり、最も市民から大切にされたまちといえよう。

父母の結婚とグレンレァー

エジンバラのインディア街に家が新築されてから二年後の一八二二年に祖母ジャネットが亡くなった。

父ジョンは相変らずの生活をしていて、スコットランドのハイランド地方やイングランドの北部地方などに旅行をし、いろいろと観察をしたり、また例の科学実験をしたりしていた。しかし、三十歳台後半に入ったことでもあるので、その母の死にあってから、何とか生活をたて直したいという気持になってきた。その頃、三十歳をすこし越したフランシス＝ケイという女性があり、結婚を考えるようになった。実は、彼女の弟ロバートは、ジョンが「送風ふいご」の設計を共同で行っている相手でもあった。長い間それぞれ独り身でいた二人であったが、互いに気が合うようになって、一八二六年十月に結婚式をあげた。

マクスウェル の父

彼女は、繊細で彼とよく趣味があったが、また活発で積極的なところもある女性であった。ジョンはこのような女性を得て、結婚後は田舎で暮したい気持が強くなった。そのことについて意見が合い、田舎の領地で二人の生活を築くことにした。そこは、あたかも二人のためにあったのだと思うようになった。

田舎の領地といっても、エジンバラから西南二百kmの所に荒廃した土地があるだけで、屋敷もつくらなければならなかった。

その場所は、スコットランド南西部の、今はダンフリー・アンド・ギャロウェイ州となっている所にあるが、オール（またはウール）という小さい湖から南に流れるオール川に沿っていて、カッスル・ダグラスという町の北十五kmくらいの所のコルソックの近くであった。そこのミドルビーという所に領地があった。

幼いマクスウェルと母

ジョンとフランシスの夫妻と、それにジョンの妹のイザベラがその娘ジマーイマをつれて加わり、エジンバラからこの地まで旅行したことがあった。そのあたりの景色は、すばらしい田園風景で、この土地は絶対確保すべきだということに皆は同感であった。

ジョンは、先ず土地の交換や買い足しをして領地を整備した。そして、そこに何から何まですべて自分の考えによって、石造りの家をつくった。部屋や家具のすべてが、すみずみまで、ジョンの設計によってつくられた。ジョンはその屋敷を「グレンレァー」と呼ぶことにした。ここに、グレンとは、スコットランドの地名などに谷間の意味でよく使われ、レァーは野獣の巣穴で、隠れ家の意味にも使われる。つまり、「谷間の隠れ家」の意味である。それは丘を背にして建てられ、前に野原が広がっていた。

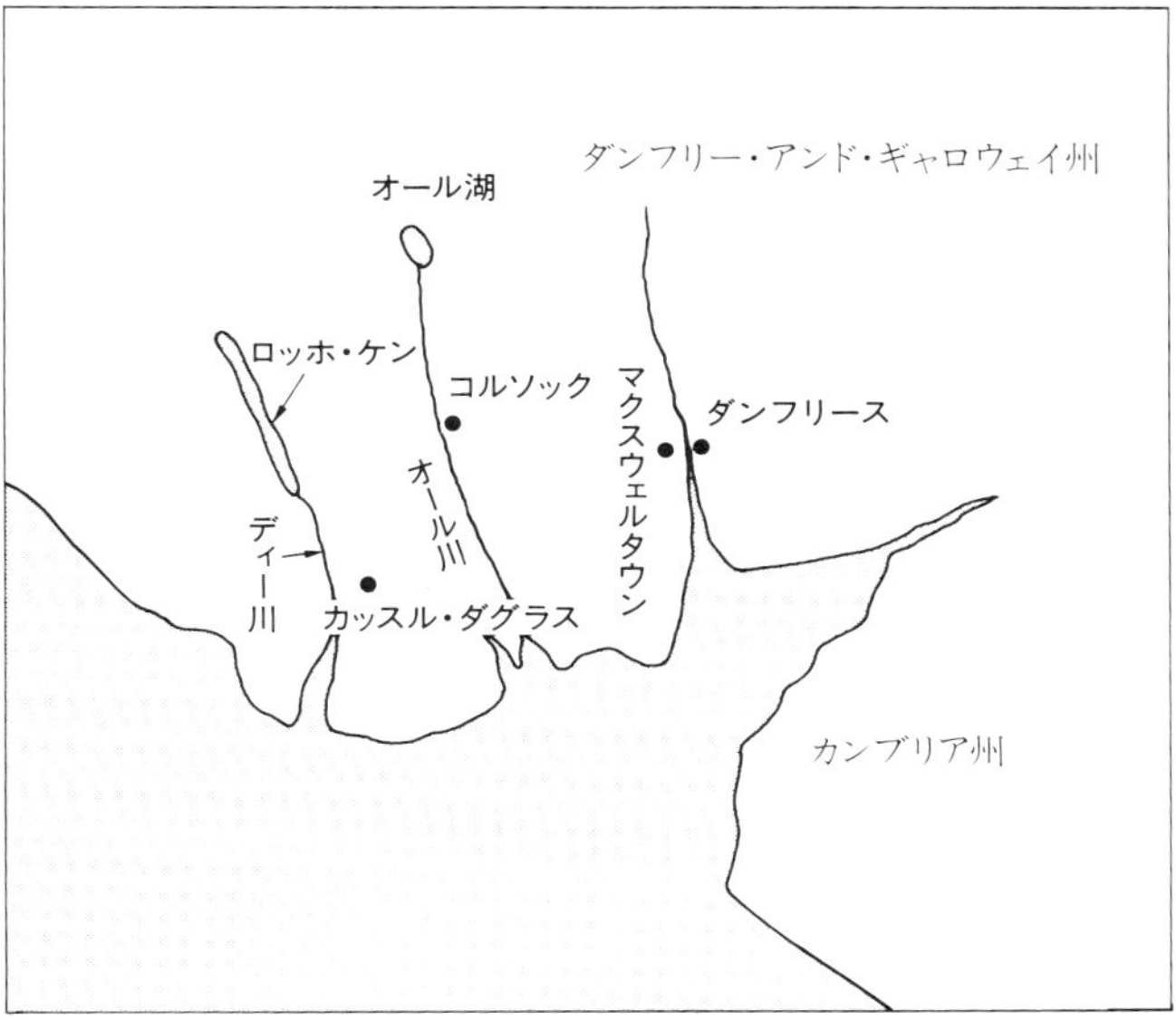

コルソック付近の地図

ところで、二人の間に最初にできた子である娘エリザベートは誕生して間もなく死んだ。そして、一八三一年六月十三日にエジンバラの家で長男が生まれ、それがジェームズ＝クラーク＝マクスウェルである。それは、ファラデーが電磁誘導を発見した年で、ちょうどその発見の四か月前のことであった。

間もなく、一家三人でグレンレァーに移り、新しい生活が始まった。それは、希望に満ちた楽しい生活であった。

怠け者のようであったジョンの生活も、見違えるように、自信にあふれた張り切ったものとなった。彼はやがて当地のコルソック教会の長老を務めることになった。

屋敷のあたりの景色は田園の長所を存分に現わしたものであったが、さらに少し西の方に上がっていくと、細長い山間いの湖、ロッホ・ケンや清流の魚が住んでいるディー川があり、あたりには鹿などが走り回っている景勝地で、まことにすばらしい環境であった。

グレンレァーでの幼年時代　ジェームズの幼年時代はグレンレァーでの生活であった。

ごく幼いときは、召使や母と遊んだ。母はいろいろな本を読んできかせた。また、宗教的影響も母から強く受け、来世を信じていた。しかし、その母も、ジェームズが八歳のとき癌で亡くなった。

グレンレァー時代全体を通じて、彼はおもに父と過したといえる。父と子は非常に仲よしであった。身体的にも性格的にも似ていたが、ただ息子のほうは、身のまわりで起こるすべてのものに対して、するどくて深い関心を内に秘めていた。

ジェームズがだんだん大きくなると、庭師の二人の息子兄弟が遊び相手になるようになった。小川や池などにつれ出し、盥（たらい）にのって手で漕いだりした。たらいは前に傾きぐるぐる回って漕ぎにくかったが、ジェームズはたらいに角材を入れてバランスをとるようにしたら、うまくこぐことができるようになった。さっそく、エジンバラに行っていた父に、手紙で知らせた。

シャボン玉とばしも楽しみであった。シャボン玉は鮮やかな色彩で、きらきらと変化しながらとんでいった。将来色について関心をもったのも、このあたりに根づいていたのかもしれない。

父がエジンバラから帰ると、何よりもうれしかった。彼は自分の小馬にのって父の馬車のあとをどこまでもついて行ったりした。

やがて、父には、そろそろ、ジェームズが組織だった教育を受けていないことが気になり出した。そこで、家にある本を次々に読ませたり、いっしょになって天体儀を作って天体の説明をし、さらに、星座がうつるように穴をあけ、中からローソクで照らして、壁に星座がうつるようにもした。科学を愛好する父は、遊びながら学ばせていた。

しかし、二人の叔母ジェーン（母の妹）とイザベーラ（父の妹）は組織だった教育を受けさせるべきだと主張した。そして、家庭教師を雇うべきだといった。

間もなく、若い家庭教師が定まり、グレンレァーにやってきた。しかし、十歳のジェームズはすでに多くのことを知っていて、その質問に答えることは容易ではなかった。また、ジェームズは逃げ出して池でたらいを漕いだりして、だんだんと手こずるようになった。結局、家庭教師はやめてしまった。

エジンバラへ

息子と離れて暮すことなど考えてもみなかった父にとって、唯一の解決策であった家庭教師がだめになると、叔母達は、ジェームズをエジンバラ中学に入れることを提案した。

中学時代を過ごした叔母の家

殊に、母の妹にあたるジェーンがそれを強く主張した。父はジェームズのことについては、いつでもこの叔母の意見を重んじていた。ジェームズも母によく似たこの叔母を頼りにし、よく手紙のやりとりもしていた。

結局、エジンバラ中学に入るために、大好きなグレンレァーから、出生地のエジンバラに行くことになった。一八四一年十一月に、父と召使のリーズイとともに、生活用具も積みこんだ馬車に乗って、グレンレァーを出発した。

馬車がエジンバラに近づくと、すこし手前にあるクラーク家の領地ペニクイックのジョージ伯父の家に挨拶のために寄ることになった。その邸は公園の中にあり、ギリシア風のなかなか凝ったつくりであった。実に沢山の絵が家中のいろいろな所にあって、驚いた。ジェームズは自由なグレンレァーとは勝手が違い、退屈し、公園に出たがった。

外はもう寒い冬であったが、ペニクイックから二十kmあまり残っていた。こうして、一八四一年十一月十八日の夕方、目的地であるエジンバラのヘリオット・ロウ三十一番地に到着した。そこには、叔母イザベーラとその夫マッケンジー（エジンバラ大学教授）とその娘ジマーイマが住んでいた。

ここは、彼の生家の前の通りを直角に曲って行った通りに面していて、三百メートル程度の所にある。写真の四階建て（右）の家がその家で、彼が中学時代を過した家である。なお、この写真の右の端のほうに看板のようなものが出ている所のその右の家（僅かに端のほうの三角形だけ見える）が後に述べる親友の家である。このあたりの道や家の感じは生家の前と全く同じで、その延長の感じである。古い住宅地らしく、この通りを右の方にもうすこし行くと、「宝島」を書いたスティヴンソンの家がある。

中高生時代

「エジンバラ・アカデミー」というのは、我が国の中学校から高等学校までの程度であった（それで、中高生時代とした）。

エジンバラ・アカデミー

これは一八二四年の創立で、古典的な由緒正しい教養を与えるという理想によって新設されたものであるが、月謝は相当高く、入学の資格もかなり高いものが要求された。ジェームズはそれまで家庭教育だけであったが、どうにか入学が許されることになった。

ジェームズが初めてエジンバラ・アカデミーに登校した日、早々と腕白小僧の同級生達から、荒っぽいいたずらで迎えられた。この年頃の子供達には、新しく入った者、殊に学期半ばで入った者は特別の好奇心の的であった。

アカデミーに入るとすぐに、彼には「ダフティー（Duffty）」というあだながつけられた。これは、「間抜け」とか「馬鹿者」という意味である。初めのうちは、彼は確かに見下されていたかもしれないが、そのうちに頭角を現わし皆から尊敬されるようになっても、ダフティーというあだなはそのまま続けて使われ、それはむしろ尊敬と親愛の意味をもつようになった。

入学した当分は、ジェームズの成績はあまりよくなかった。殊にギリシア語には閉口していた。最初の冬には、父がグレンレァーから出て来て、父とともに過した。二人は絶えず一緒にいて、話しあったり、散歩したりした。また、父は息子をエジンバラ王立協会につれていったこともあった。

一八四二年の夏休みには、ジェームズは懐かしいグレンレァーに帰った。父もこの上なく喜んだ。息子はいつも父のそばを離れずに、近くをいっしょに歩き回った。遊びに行くにも範囲が広くなり、ジマーイマとたらい漕ぎにオール川まで行くこともあった。

たらい漕ぎ

ただ、父親のジョンはグレンレァーで新しく建て増しをしている工事が完成間近かで、特別に忙しかった。設計、監督や資材の受取りなど、何から何まで自分でやった。ジェームズも父のあとについて回り、父は詳しく説明してやるのがとても楽しみであった。

やがて夏休みが終り、エジンバラに帰ると、親友のリュイス＝キャンベルが待っていた。同級の優等生であった彼は、ジェームズが入学した時からずっとやさしくしてくれたが、数軒目の、すぐ近所の家（一〇二ページの写真参考）の子であったこともあって、ますます親しくなった。彼は後に、マクスウェルの最も権威ある伝記を書くことになる。

その後、ジェームズはすっかり落着いて勉強し、学校が面白くなり、成績もだんだんと上がっていった。

父への手紙も子供らしさがなくなってきた。

卵形線の作図法の発見

学校の授業の程度が上がるにつれて、ジェームズの成績は上がっていき、数学では誰もかなわなくなり、ついに優等生になった。それでも「ダフティー」という呼び名はいまだに使われていた。一八四四年にはいよいよ幾何学の授業が始まり、ますますその本領を発揮することになる。

父のジョン氏は、ときどきエジンバラに出てきた。出てくると、息子を、かつて自分が楽しみにして行っていたエジンバラ王立協会やエジンバラ美術協会などにつれていった。一八四六年の初め頃、美術協会に行ったが、そのときの講演者は最も評判の高い美術装飾家D・R・ヘイ氏であった。

ヘイ氏の話は、美しい色や形は数学的な関係をもっていて、数学的に説明できるということであった。古い建築に使われている卵鏃飾り（卵とやじりの形が交互に並んだ模様）、オジーヴ（門や窓などの上に半円形にして上部を支えるもの）とか、エトルリアの壷（つぼ）などの形は、それぞれに数学的に表わすことができる。芸術家でなくても数学を知っているだけで、これらの美しい形をつくることができるということであった。

中でも、エトルリアの壺（細いほうを下にして、卵を立てた形で、下部に台座がついた壺で、酒その他を入れたり、骨壺に用いたりした）は、完全に数学でいう卵形になっているということであった。ジェームズは数週間、卵形線についてあれやこれやと熱中していたが、やがて卵形線を描く面白い方法を考えついた。

楕円を描くのに次のような方法がある。二つの位置に針を立て、糸の端をこれらに結びつけ、鉛筆の先で糸がいつでも張っているようにしながら鉛筆を動かしていくと、針の位置を焦点とする楕円ができる。これは、楕円上の点から二つの焦点までの距離の和が常に一定であるからである。

彼は、これを次のように拡張した。たとえば第一の焦点からの距離と、第二の焦点からの距離の二倍との和が一定となる曲線を描くには、一一一ページの図(a)のように、第二の焦点の針のところで糸をまわして、鉛筆までの間の糸が二重になるようにして描けばよい。一般に、第一の点からの距離のn倍と第二の点からの距離のm倍との和が一定となるような曲線は、第一の針から鉛筆までの間の糸がn重になり、第二の針から鉛筆までの間の糸がm重になるようにして描けば求められる（図(b)）。このようにしていろいろな形の卵形の曲線が得られる。

また、図(c)のようにすれば、三焦点曲線が得られる。同様にして、いろいろな多焦点曲線が得られる。

父も息子も、このような簡単な方法が、今まで知られていないはずはないと思った。このことを確かめるために、ヘイ氏にききに行った。ヘイ氏は、いろいろと調べて、まだ知られていないものが含まれているという意見を述べた。

そこで、次に、エジンバラ大学教授のフォーブス氏のところに相談に行った。実は、フォーブス氏自身、十六歳のときから匿名で論文を書いていて、若くして見出された人であったことは、ジェームズにとって大変幸運であった。フォーブス氏には大変ていねいに相談にのってもらった。そして、ついには、エジンバラ王立協会で報告してもらうことになったが、その経緯は、父のジョン氏の日記によって詳しくみることができる。

二月二十五日（水）　D・R・ヘイ氏宅を訪問し、氏の図形を見せてもらい、ジェームズの卵形線を見てもらう。ヘイ氏の図は三つのピンを使った図で、楕円の一部であった。

二月二十六日（木）　フォーブス教授を大学に訪問する。ジェームズの卵形線と三焦点および多焦点図形を見てもらう。フォーブス教授にとっては新しいもので、図形を描く理論を書いて来ることになった。

三月二日（月）　フォーブス教授に提出するための、ジェームズの卵形線の説明を書く。夕方、ジェームズといっしょに王立協会に行って、フォーブス氏に渡した。

三月四日（水）　十二時に大学に行き、ジェームズの卵形線をフォーブス氏といっしょに見た。フォーブス教授はそれに満足し、このことについて、これまでになされたことや知られたことを、本で調べているところだったので、調べたら手紙を出すということであった。

三月七日（土）　フォーブス教授から次のような手紙を受取った。

「拝啓。ご子息の論文を詳しく拝見したところ、大変巧みな方法で、年齢からみても確かにすばらしいものと思いました。そして、実質的に新しいものと信じます。この点について、私の友人のケランド教授にも意見をきいています。敬具。」

三月十一日（木）　フォーブス教授から次のような手紙を受取った。

「拝啓。本日ケランド教授から手紙を受け取りましたが、御子息の論文について、私と同じ意見だとのことで喜んでいます。私達は、それは極めて巧妙で、確実で、多焦点図形を取扱う新しい方法と思います。不幸にして、これらの卵形線はあまりにも高度で手におえない程度の曲線のようで、多分優雅な作図法であってもその性質を調べるのは簡単ではないかもしれません。しかし、それは現在での問題点ではありません。もし望まれるなら、この方法の簡単さと優雅さは、王立協会に提出されるだけの資格があるものと思います。」

三月十二日（水）　フォーブス教授を大学に訪問し、卵形線の件について話しあう。

三月十六日（月）　ジェームズといっしょに王立協会に行く。

三月十七日（火）　ジェームズといっしょにフォーブス教授宅を訪問し、お茶をいただき、卵形線の件について話す。十時に帰宅。上々の訪問であった。

三月二十四日（火）　ジェームズの曲線のため、厚紙を切る。

三月二十五日（水）　光学研究者エイディー氏を訪問し、ヘイ氏の卵形線の論文に関する報告を見せてもらう。

三月二十六日（木）　ヘイ氏の論文と卵形線などを描く道具とを受取る。

三月三十日（月）　フォーブス教授を大学に訪問し、エイディー氏のヘイ氏の論文に関する報告について話をする。

ジェームズの卵形線は、次の王立協会の会合で読まれることになる。

四月六日（月）　ジェームズと王立協会に行く。フォーブス教授は、ジェームズの卵形線について報告し、かつ説明した。大変注目され、一般の同意を得た。

このようにして、その日フォーブス教授によって正式に報告された論文は、「エジンバラ王立協会報告」誌上に、次のように題して掲載された。

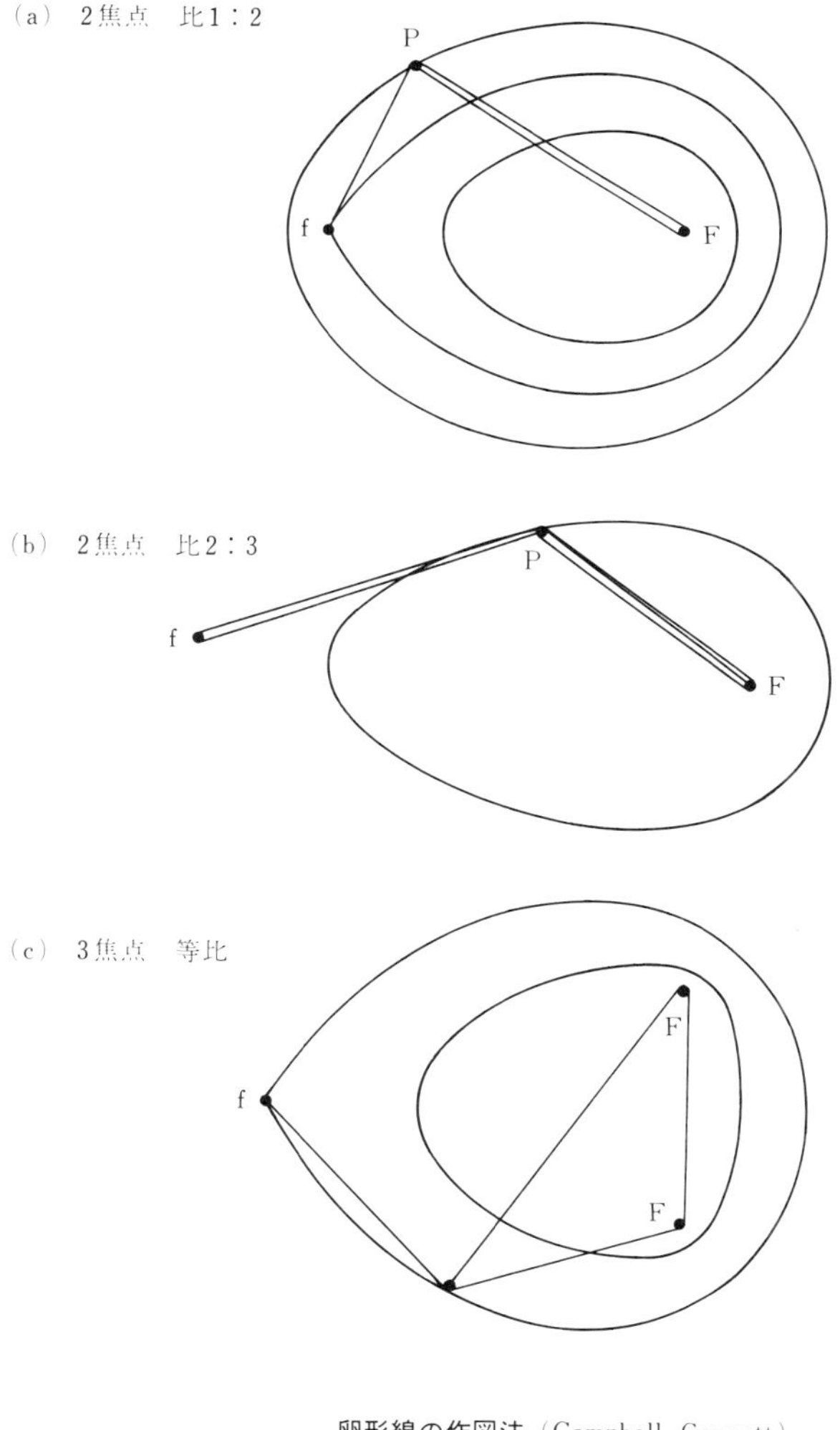

卵形線の作図法 (Campbell, Garnett)

「卵形線と多焦点曲線の作図法について
　小クラークマクスウェル氏による、フォーブス教授の注意書きつきで、フォーブス教授により報告」

前ページの図は、その中の一つのページにある図に説明を加えたものである。フォーブス教授の説明の中には、「卵形線の作図法については、デカルトも与えているが、本論文の方がはるかに簡単である」ということが述べられている。十四歳数か月の少年のなしとげたこととしては、驚くべきものであった。

これ以来、フォーブス教授とジェームズとの間には深い相互信頼の関係ができ、一生続くことになった。

また、この頃、学校でもう一人の友人が現れた。それは、ピーター＝テートという一年下の生徒で、彼は数学の才能で群を抜いていて、ジェームズと共に将来を嘱目された。事実、やがてともにケンブリッジ大学に学び、ともに英国理論物理学界を背負って立つことになる。

こうして、一八四七年に、ジェームズは優等生の一人として、エジンバラ・アカデミーを終えた。

大学時代

エジンバラ大学

ジェームズは、卵形線の論文の時点で、大学に入れてもよいという意見もあったが、父は卒業の時点で大学に入れることにした。友人のリュイスが行っているオックスフォード大学や、テートが行っているケンブリッジ大学は遠いので、近くのエジンバラ大学に入れることになった。そこには数学のケランド教授、物理学のフォーブス教授などすぐれた教授がいた。

光弾性

一八四七年春のある日、ジェームズは、友人のキャンベルとともに、叔父のケイにつれられて、ニコル・プリズムの発明者ニコルの家に見学に行ったことがあった。実験室に案内されて見せてもらったが、助手の人が隙間からさし込んだ一条の光線をニコルプリズムにあてると、二つの光線に分かれる実験をしてみせた。この二つは、入射したもとの光線ともまたお互いとも違った性質をもっていて、それぞれ偏光光線とよばれる。

ニコルは、自分の装置を説明しながら「偏光光線によって物体の内部構造について調べることが

(a)　色のついた模様

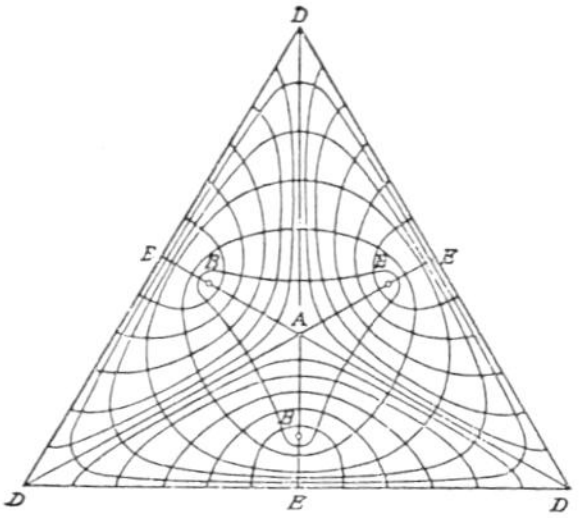

(b)　分析して得た応力図

(Campbell, Garnett)

出来る」と言い、試料を熱したり、圧力をかけたりするとどのような変化が起こるかを示した。

ブルースターは、内部ひずみをもつ透明物質は、方向によって弾性が違い、入射光線は複屈折を起こして、偏光光線に分かれるだろうといっていた。分かれた光線は作用しあって、特有の色彩の模様ができるであろう。これを利用して、固体の内部応力の分布を、光学的方法で知ることができるであろう。

ジェームズは、この事について考えたり、実験してみたりしていたが、翌一八四八年の夏に、グレンレァーに帰っているときに、実験を続けることにした。紙でつくった円筒の中にコルクを同軸になるように置き、その間に加熱したゼラチンを流し込み、冷えてからコルクをねじりながらはずして、ひずみのある厚い透明な円筒を作った。これに偏光光線をあてたところ、十字の暗い帯ができ、その間に虹のような輪ができた。ジェームズはその様子を絵具で色をつけて描いた。そして、そのような場合の弾性ひずみの分布の計算をし、この模様を説明することができた。

また、焼なましガラスの透明な三角形板や五角形板に負荷を加えてひずみを与え、偏光光線をあてたときにできた模様を絵具で色づけして描いた。図(a)は、三角形板の一つの場合で、暗線で描いたような暗い線ができ、その間のスペースは、虹のような縞の輪でうずまっている。このように、模様は、内部に生じた弾性ひずみに従って出来、計算できないような複雑なひずみ分布は、その模様によって知ることができる。

この結果は、一八五〇年に、エジンバラ王立協会で報告することになった。かつては、卵形線の研究のときはフォーブス教授によって代読され、その後一八四九年二月に十七歳のとき行った「ころがり曲線の理論」の発表のときはケランド教授によって報告された。これは、年少者には説明をしたり質疑に応じたりするのが、無理であろうとの配慮によるものと思われるが、キャンベルによれば、裾の短いジャケットを着た少年が王立協会の演壇に上がることは、はばかられたからであろうというのである。

しかし、今回は、ジェームズが自身で演壇に立って報告することになった。すなわち、初めて王立協会の演壇において自ら研究発表をすることになったのである。報告は「弾性固体の平衡について」と題して行われ、「王立協会報告」に載せられた。

ケンブリッジ大学ピーターハウスへ　この光弾性の研究発表をした一八五〇年の時点で、ジェームズは明らかにすでに、エジンバラ大学を越えていた。自分でも、フォーブス教授が前々からすすめていたケンブリッジ大学で学べたらという希望がだんだん強くなってきた。しかし、父は、ケンブリッジはあまりに遠すぎると思っていた。

ジェームズの力量を理解している親友や親族の人達は、父を説得することに努力した。フォーブス教授、叔母イザベラの夫のマッケンズィ、ジマーイマの夫のヒュー＝ブラックバーン等がしきりにケンブリッジ行きを奨めた。ジェームズも父と遠く離れることとの板ばさみになって悩んでいたところで、親友のリュイス＝キャンベルは既にオクスフォード大学に進み、テートはすでにケンブリッジ大学に行っていて、親友といえる者はリュイスの弟のロバート＝キャンベルだけとなっていた。そのうちに、最後の一人のロバートも、いよいよケンブリッジ大学に行くことになると、ジェームズもついに我慢ができなくなった。どうしてもケンブリッジに行こうと意を固め、父に頼み、やがてその同意を得ることができた。そうなると、ではケンブリッジのどのカレッジに行くかということになる。フォーブス教授はトリニティ・カレッジを奨めたが、父はピーターハウス（当時は、聖ペテロ・カレッジとよばれていた）を選んだ。そこには、テートが行っているということもあったが、最も安くて、新入生でも室がもらえるということを考慮したもののようである。

このようにして、ジェームズのケンブリッジ行きがきまった。新学期は十月一日から始まっていたが、親子の別離を惜むかのように、日が延びて、十月半ば過ぎに、二人で長距離乗合馬車に乗って、エジンバラを出発した。途中何度か泊まり、見物したりして、ケンブリッジについた。大学街に入って、中央部を通り過ぎて、南の端のあたりに、ピーターハウスの古い建物があった。

ピーターハウスでは、ベッドと照明のよい机とを備えた室があてられた。父は宿屋でとまった。翌朝、朝食のとき、これからの仲間たちとあい、自己紹介をしたり、話しあったりした。

やがて叔母イザベラの夫の弟のヘンリー＝マッケンズィがたずねてきて、父やテートも誘い、一緒に、話しあいながらあたりを散歩した。ケンブリッジ大学のカレッジをあちこち見て回った。特に、トリニティ・カレッジの印象が深く、中でもニュートン等の像があるトリニティ・チャペルには感銘を受けた。

そのうちに、入学のための試験もあって、正式入学となったが、トリニティ・カレッジへの憧れは日増しにつのるばかりであった。

トリニティ・カレッジ

ジェームズは、トリニティに移りたい願望がつのるにつれて、しきりに父にそのことを訴えた。小さいピーターハウスでは定員が少くて、終了後カレッジに残ったり、優等生になったりする可能性が少ないなどといって、移りたい気持を伝えた。父はついに動かされて、これに同意を与えた。

もうあと、トリニティ・カレッジ長のウィーウェル（六九ページの写真参照）の同意が必要であるというところまできた。この人は、ファラデーが用語の相談をしていた人であるが、エジンバラ大学のフォーブス教授の親友であったことは誠に幸であった。フォーブス教授がすばらしい推薦状を書いてくれたので、その同意を得ることができた。こうして、ジェームズは、第二学期からあこがれのトリニティに移ることになった。そして同時に、下宿屋の室に、エジンバラ時代の友達とともに住むことになった。

こうして、トリニティでの楽しい勉強が始まった。いつの間にか体つきもおとならしくなってきた。すばらしい連中と知り合い、友達も増えてきた。

一八五二年には、カレッジの奨学生になった。奨学生になるとその特権として、カレッジの中に住み、カレッジで食事することができるようになった。その年の六月に彼は成人に達した。

ケンブリッジの友達には知性の優れた学生が多数いて、政治や学問などあらゆることについて盛んに議論しあったが、ジェームズはその点でも非凡さを発揮し、人気を得た。そして、冬学期には、社会問題や科学問題などを論ずる優れた人が選ばれる「特別エッセイ・クラブのメンバー」に選ばれた。これは、ケンブリッジの知性の中の知性と言われ、十二人だけが選ばれたので「使徒」ともよばれた。彼は、その一員として、多くのエッセイを書いた。

ジェームズが、ケンブリッジ大学での勉学において、特に影響を受けたのは、ストークス教授であった。入学して間もなくから、ストークスの講義には強くひかれるものがあり、その講義には一つも欠かさず出席した。

ストークスは、ジェームズの十二年先輩で、ルーカス講座の教授であった。ルーカス講座というのは、二百年前に、ヘンリー＝ルーカスという人の寄付によってつくられた講座でニュートンもその講座の教授であった。ストークスは、当時数学教育の程度を高めることに心をそそいでいた。ジェームズのゼミの指導教授は、ホプキンス教授であった。ホプキンスは学生の指導については、きわめて豊富な経験と高い能力とをもっていた。かつては、ストークスやウィリアム＝トムスンなどもその指導を受けた。

数学優等卒業試験とスミス賞

一八五四年になると、いよいよ卒業試験となる。ケンブリッジ大学の数学の卒業試験には、有名な「トライパス」(Tripos) というのがあった。トライパスは三脚の椅子という意味であるが、合格者はこの三脚椅子に腰掛けて講演したことから、この試験のことをこう呼ぶようになった。合格者には成績順が定められた。その主席を「シニァー・ラングラー」(Senior Wrangler) といい、学生の憧れの的であった。ラングル (wrangle) は盛んに討論するという意味、ラングラーは盛んに討論する人という意味で、この成績を得た者は、公けの討論に参加することになっていたことによる。すなわち首席の優等生の意味である。その次の成績の人、すなわち次席の優等生は「セカンド・ラングラー」(Second Wrangler) とよばれた。

ジェームズは、一八五四年一月十三日にこの試験を受けた。結果は、次席ラングラーで、主席ラングラーはカナダ出身のラウスであった。

ケンブリッジ大学で、卒業時に、この試験に続けて行われるもう一つの有名な競争テストがあった。それは「スミス賞」のテストで、これは課題が与えられて、それについて論文の形でまとめるものであり、これの方が独創性が要求された。その結果によって、スミスの寄付金をもとにした「スミス賞」が与えられた。この年の出題者は、ストークス教授で、後に「ストークスの定理」とよばれる定理の証明であった。ジェームズはこの問題を見事に解いた。ラウスもこれを解いた。二人は同席として共にスミス賞が与えられた。

このとき、ストークスの定理に出逢ったことは、マクスウェルが後に電磁気学の基本方程式を導くときに、大きい力を発揮することになる。

ケンブリッジ大学のフェロー ジェームズは、優等卒業試験のあとは、ケンブリッジ大学に残り、学生達の個人指導や試験官の手伝いなどをしながら、教授の資格をとるために、フェロー(特別研究員)になることを決心した。

その夏、久しぶりに父にあおうと、グレンレァーに出かけた。父はひどくふけ込み、咳をし、顔色も良くなく、病的な感じさえあった。これは、看護が必要な状態であると思った。

心配であったので、冬休みにも、父のところに戻った。このときは、父はエジンバラに出ていたが、父を見捨てることができなくて、長いこと一緒にいた。その頃、マクミランから頼まれた「光学」の本の執筆の用意を始めた。

ジェームズは一八五五年九月に、フェローのための試験を受け、難かしかったが合格して、フェローになった。このフェローというのは、卒業後の研究者に、研究基金から研究費が支給され、これによって、研究するだけでなく、教育を手伝うという制度である。これは、大学に残っているもの達の間では、大変な名誉で憧れの的であり、事実、食堂でも、一般の給費生などが下段のテーブルで食事するのに対して、上段のテーブルで食事することになった。

ジェームズは、フェローになってから、次のような仕事をすることになった。

流体静力学と光学の講義（三年生のため）

卒業生のための受験の指導

このような義務を果しながら研究するという生活になったが、傍ら「光学」の執筆を続けていた。

色彩の研究

マクスウェルがケンブリッジ大学で勉強していた頃、特に力を入れて研究したテーマが二つあった。その一つは色彩に関する研究である。

色の三原色説を唱えたヤングの立場は、医者としての聴覚の研究からきているが、眼の網膜の色を感ずるところで、無数の色を別々に感ずる無数の場所があるとはとても考えられないから、いく

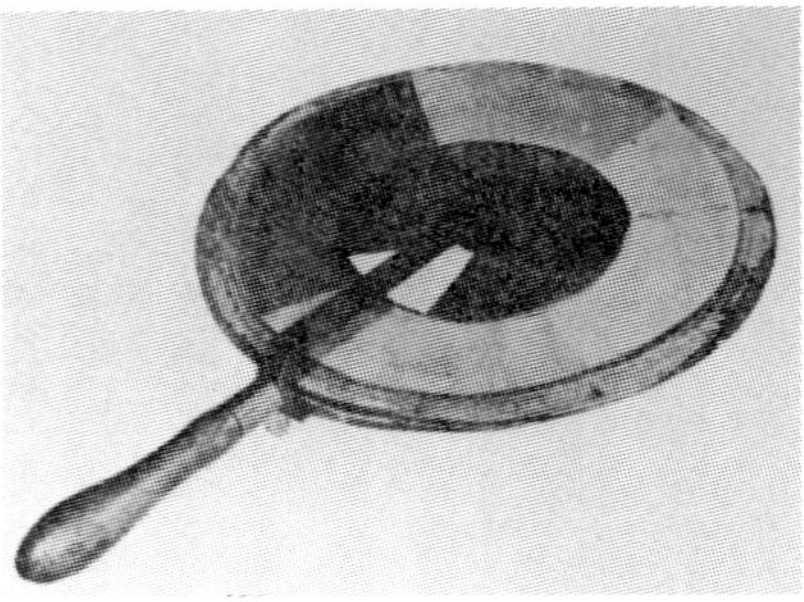

色コマ

つかの色をいろいろな強さで受けとり、それが合わされて色の感覚として認識されると考えられるが、画家の経験などから、赤と緑と青紫の三色であろうという説であった。

ジェームズは、部分的にいろいろの色をぬった「色コマ」をつくり、これを回して何色に見えるかによって色の合成を調べた。そのとき各色の部分の割合によって、色の数量的な合成を表わした。

また、レンズとプリズムなどを使って、いろいろな色を集める装置「色箱」もつくった。

このようにして、赤、緑、青紫の三色から、白やその他の色が、至極く近似的につくり出せることを知った。そして、色盲は、この三色のうち、二色しか感じないというようなことであると論じた。

電磁気学の研究

マクスウェルがケンブリッジ大学にいた頃に、特に力を入れていたもう一つは、電磁気学の研究であった。

マクスウェルは、電磁気現象の不思議さについて、早くから興味をもっており、エジンバラ大学時代に、既に、ファラデーの仕事について知っていた。いよいよ電気学の詳しい勉強を始めようと思い立ったとき、スコットランドの先輩で、ケンブリッジでの先輩でもあるグラスゴー大学教授のウィリアム＝トムスンに電気の勉強法について相談し、読むべき書物とその順序などをきいた。

マクスウェルにとって、直達説のように、電気的または磁気的な作用が瞬間的に、直接に伝わるということは考えられないことで、ファラデーの力線の考えには賛成であった。力線の考えを真先きに受け入れたのは、熱学の大家でもあったウィリアム＝トムスンで、熱が熱源から発して媒質中を伝わるようにして、電気の作用は電荷から発して媒質中を伝わっていくと考え、電気の等ポテンシャル面は等温面に対応すると考えた。

電気現象を類推を用いて考察することは、マクスウェルにとって大変教訓的であった。マクスウェルはこの類推を高く評価したが、彼としては、むしろ液体の流れを類推するほうがしやすかった。このことは、彼にとって大変幸運であった。そこには渦のようなものもあって、電気磁気の現象を記述する可能性があったのである。

アバディーン大学への誘いと父の死

父の病気が心配で、ジェームズは、事情が許す限り父のもとに行った。一八五六年の初めに帰ったときには、父をエジンバラに移した。都会の医者に近いし、叔母のジェーンにも面倒を見てもらうように頼めるからであった。そのかいがあったか、父の容態は日増しに良い方に向かった。

二月にケンブリッジに帰ったが、その後も毎日のように父に手紙を出した。

ところで、帰って間もなく、エジンバラ大学のフォーブス教授から次のような旨の手紙を受けとった。

「アバディーンのマリシャル・カレッジの物理学教授グレイ氏が亡くなったが、この席には、あなたが適任だと思う。もしスコットランド人によってこの席が埋められないとすれば大変残念なことである。

なお、この際、エジンバラ王立協会の会員になっておくことをお奨めする。」

これは彼にとって、良い話であると思われた。そこはスコットランドで、エジンバラにもグレンレァーにも近い所で、父ともっと屢々あうことができるから。

さっそく、二月十五日付の手紙で、このことを父に知らせ、父の意見をきいた。

父は息子がアバディーンに行けることを喜び、それが心の支えとなった。文通は相変らずしていたが、父からの返信がとどこおり勝ちになったので、心配になり、エジンバラに帰った。数日後、父子はグレンレァーに行こうということになり、グレンレァーまで一緒に旅をした。

ある日、父は庭のことで指図をしていた時、少し坐って休むと言った。しばらくして、ソファーに移し横になるようにしたところ、短い間苦しんで、不意に息を引きとった。一八五六年四月二日のことであった。

こうして、母代りもしてくれた、最愛の父を失った。

アバディーン大学教授時代

アバディーン大学へ

アバディーンはもともと、ジェームズの祖先が、三百年前の十六世紀の頃に住んでいた所であった。有名な祖先として、ジョン＝クラークという船長をしていた人があったが、この人の孫のジョンは商才のある人で、パリに渡って大成功をし、帰ってきてペニクイックの土地と爵位を獲得した。その子ジョン＝クラークがペニクイック準男爵となり、スコットランド議会の議員になって、一族の基礎をつくったのであった。

ジェームズは、一八五六年四月三十日付のフォーブス教授からの通知で、アバディーン大学マリシャル・カレッジの物理学の講座を受持つよう任命されたことを知った。

講義を始めるのは十月からということであったので、前年の一八五五年にケンブリッジ大学から、一八五七年度のアダムス賞の懸賞募集として出されていた「土星の環の本体」について、ぼつぼつ検討を始めることにした。

いよいよ、一八五六年十月十五日に、大学に出席し、新任教授として、就任講演をした。そのときは、この人がどの程度の人物になるか誰にもわからなかったが、後にマクスウェルの真価が明らかになると、大学の名誉であるとされ、ちょうどその百年後の一九五六年十月十五日に、大学に置かれたマクスウェルの胸像の除幕式が行われた。

二十五歳の若い教授は、どのように教えたらよいか、苦心を重ねた。いろいろな人に相談もした。講義をしては、問題をやらせ、宿題を出したりした。また、学生に自分の実験を手伝わせて、研究に参加させ、自分で研究するようにさせようともした。

しかし、学生達は彼自身ほど探求心をもっていたわけではなかった。学生達にはこのようなやり方が重荷に感じられることがあった。また講義で横道にそれて面白い話をしようとしても通じないことがあった。

しかし、マクスウェルは学生達を大変愛し、学生達も彼の人柄や話の軽妙さなどによって彼を敬愛した。ただ、その間には、あまりにも差がありすぎたということは確かである。

なお、その頃、自由に調整ができて、さまざまな型の回転が調べられる「力学コマ」を設計し、製作した。

力学コマ

ファラデーの力線

一八五七年に、「ファラデーの力線について」という論文が「ケンブリッジ哲学協会報告」に載った。これは、ジェームズが、一八五五年十二月にケンブリッジ哲学協会で発表したものを更に進めたものである。そこには、自然はどのように作られているか、引力や斥力はどのようにして生ずるか等の根本的な問題が考察されていた。そして、電気についての全体の見通しも述べられていた。

物理関係者に誰れかれとなくこの論文を送ったが、具体的な反応はなかった。ところが、三月の末に、思いがけずも、ファラデー自身から手紙を受けとった。そこには

「あなたの御考察は大変うれしく、自分の考えを進めていくのに力を与えられたことを感謝します。それにしても、強力な数学的裏づけが与えられていることに驚きました。」

という旨のことが述べられ、ファラデーの論文が同封されていた。

ファラデーからの手紙は大変うれしく、無中になって考察を進めていったが、十一月になって次のような手紙を出した。

「物体の周囲の媒質に一種の緊張状態が与えられ、その緊張状態が媒質中を伝わっていって、離れた所の物体に作用を及ぼすというお考えは、あなたが最初の人であると思います。私も同感です。ただ、重力の場合には、引力だけだから、なお考察の余地があるかもしれません。」

という旨のものであった。

ファラデーから、直ちに、十一月十三日付の手紙がきた。その中に、

「あなたのお手紙を繰りかえし読んで感じたことですが、途中の計算がわからなくても、結論の意味するものが、数学を知らない私にも、明確に理解できるということに関心しました。」という旨のことが書かれていた。

これらの、ファラデーとマクスウェルの間になされた手紙の交換は、物理学の発展において重要な意味をもつと思われるので、一九二ページ以下に、詳しい訳をのせることにした。

土星の環

マクスウェルは、一八五六年から一八五八年にかけて、アダムス賞の課題である土星の環について攻究していた。土星の環というのは、ガリレーが一六一〇年に土星に突起のあることに気付いたことに始まり、ホイヘンスが一六五九年に土星のまわりに環があることを見出し、カッシーニが一六七五年に内側の環と外側の環の二つがあることを発見したが、一八五〇年頃には内側の環の内側に暗い縞があり、そこは透明で土星の表面が見えるとか、これらが回転しているとかいろいろのことがわかった。

この環の実体は何か、固体か液体か気体か、それは一体何からできているのであろうか。もし、この環が静止した固体の板だとすると、土星の引力に対して自らを支えることのできるような材料としては、どんな金属もない。またもし、回転する板だとすると、中心の土星から遠い所と近い所での遠心力と引力との差の違いが大きくなって引き裂かれてしまうであろう。さらにまた、環が液体だとすると、波が発生して安定ではあり得ないことになる。マクスウェルは多数の小衛星(小さい固体)からなるものと考え、その場合に、どれだけの小衛星が許されるか等を計算したり、力学模型をつくって実験してみたりして調べた。これに対して、一八五七年度のアダムス賞が贈られた。マクスウェルはそれでも研究を進め、一八五九年にこの問題についてまとめたものが、ケンブリッジ出版部から著書として出版された。

結　婚

マクスウェルがアバディーンに着任したとき、学長のダニエル゠デューアは、自宅に誘ってもてなし、友達と遠く離れて淋しいであろうから、度々訪れるようにとすすめた。デューアには二人の娘がいたが、末娘のキャサリン゠メアリーは未婚であった。この家の人達は、知的なことを好み、彼の文学や歴史その他にわたる多方面の話題を喜んだ。彼もしばしば訪れて、皆と話しあった。

一八五七年の夏に、学長はダヌーン(グラスゴーの西北西約五十km)の町の近くのアードハロー(長女のむこが住んでいる所)に、自分達の家族といっしょに行かないかと誘った。彼は同意してそこに行った。田園風景の豊かな所であった。

彼は、キャサリン゠メアリーと二人で散歩し、いろいろな所に行ったが、その間によく話しあい、お互についてよく知り合うことができた。そして、ある日二人は結婚を誓いあった。

一八五八年二月に結婚披露が行われた。

結婚式は六月の初めと予定されたが、その前に、マクスウェルは、親友のリュイス＝キャンベルの結婚式で付添役をするためにブライトンに行った。

マクスウェルとキャサリンとの結婚式は六月、アバディーンで行われた。質素なものであったが、リュイス夫妻も出席してくれた。

そして、この二組の新婚夫妻は、そのあと相いついでグレンレァーに行き、一緒に、楽しい、幸せな時を過ごした。

カレッジの統合問題

アバディーンにはもともと、アバディーン大学マリシャル・カレッジとアバディーン大学キングズ・カレッジとがあったが、創立されて二百年もの間別々の大学として、張り合っていた。

ところが、一八五八年に、突然両大学に、調査委員会が訪れ、一八六〇年九月から、アバディーン大学が一つに統合されることになった。この結果、両方に重複する自然哲学の講座の一つと、学長職の一つは廃止されることになった。つまり、マクスウェルの講座もデューア学長の席もなくなることになった。

デューアはすでに老境にあり、そろそろ引退するときであったが、マクスウェルは新婚の希望に満ちた生活が始まったばかりで、ショックであった。

マクスウェルは早速職を探さなければならなくなった。そのとき、ちょうど、フォーブス教授が、セント・アンドリュースの大学の学長になることがきまり、エジンバラ大学の講座があくことになった。しかし、この後任の候補者としては、ラウスやテートを始め多くの競争者があった。その上、マクスウェルは教授法が学生に適合していなくて、むしろ学生達と仲間としてやっていたという（不利な）噂も伝わっていた。結局、テートが、後任に選ばれた。

キングズ・カレッジ教授時代

ロンドンのキングズ・カレッジへ　エジンバラ大学の席は得られなかったが、間もなく、一八六〇年七月には、ロンドンのキングズ・カレッジの自然哲学講座担当として推薦されることが決定された。

ロンドンに赴任するまでの残りの秋は、グレンレァーで過すことにした。馬市に、妻のために子馬を買いに行ったとき、天然痘にかかったが、キャサリンの懸命な看護のかいあって全快した。

ところで一八二五年頃まで、ロンドンに大学が一つもなかったのは、不思議なくらいであるが、その頃、オックスフォードやケンブリッジの大学に対抗して、宗教色の少ない、無神論的な大学がロンドンでつくられた。しかし、これには保守派や教会を初めとして猛反対が起こり、これを打倒しようと、従来のような宗教にもとづき、設備の良い、学費の安い大学が、都心の一等地につくられた。これがロンドン大学・キングズ・カレッジである。

マクスウェルが着任してみると、このように学生にとって好条件ぞろいであったので、学生が多くて、実験を何回もしてやらなければならなかった。通常は、物理学は数学のように主として講義をききながら学ぶものと考えられていたが、彼は実験をしながら物理学を教える方法をとった。新設で設備のよいキングズ・カレッジには、授業もできるような大きな、立派な物理実験室ができていた。

ロンドンでは、ケンジントン宮殿に近い、パレス・ガーデン・テラスに住んだ。ここはきわめて環境のよい所で、かつてニュートンもこのあたりに住んでいた。彼は、ここで、例の色の混合実験をする色箱を置いて、キャサリンにも手伝わせて、実験をした。この箱は、改良を加えてきたもので、長さ二メートルくらいの大きなものであった。近所の人から、棺桶と間違えられたこともあったという。

キングズ・カレッジ

カラー映写

一八六〇年六月に、大英学術協会の会合がオックスフォード大学で開かれた。マクスウェルはそこで、二つの報告をした。一つは、彼の作った色箱によって、色の混合の数量的測定についての説明であった。もう一つは、気体を、運動している分子の集りとする考えにもとづく計算であった。

一八六一年五月十七日には、王立研究所で、「三原色論」について講演した。このとき初めて、天然色映写をしてみせた。その準備として三つの色の違ったリボンで蝶結びを作って、それを写すことにした。赤色の溶液を通して撮影し、別に緑色の溶液を通して撮影し、また青紫色の溶液を通して撮影しておき、それらにもう一度光をあてて反転した乾板にランプをあて、それぞれの色の溶液を通してスクリーンに重なるように投影した。そこには、肉眼でみたような色合いの像ができた。このようにして、赤、緑、青紫の三色によって、すべての色をつくることができると説明した。この実験は、三原色論の実証であるだけでなく、その後のカラー写真への第一歩でもあった。

この講演が終って、会場を出て人々をかき分けながら出口に行こうとしているとき、ファラデーから声をかけられた。ファラデーは分子運動論の彼の仕事のことをほのめかしながら、「やあ、マクスウェルさん。通り抜けられないのですか。あなたなら、通り抜けられない筈はないのですがね（通り抜けられる人があるとすれば、それはあなたの筈ですがね）」と言った。われわれの主人公である二人の天才は互いに文通していただけでなく、直接話しあってもいたのである。

気体分子運動論

一八六〇年のオックスフォード大学での学会で、マクスウェルが発表した気体に関する論文とは「ベルヌイの気体理論について」と題するものであった。ダニエル＝ベルヌイは、熱は個々の分子の振動運動にもとづくもので、それが外部に現れたものが熱であると論じ、このことを始めて指摘した。ただし、すべての分子はみな同じ速度をもつと考えていた。

各分子はそれぞれ別々の速度をもつと考えたのはクラウジウスであるが、そのとき分子の平均の速度、というよりは平均の運動エネルギーがあって、それの違いが温度の違いとなると考えた。

これに対して、マクスウェルの考えは、分子は温度に応じた確率によって速さをもち、その結果、ある速さをもつ分子の数の割合（その速さをもつ分子の数を分子全体の数で割ったもの）は温度によって定まっており、それを速さの関数として考えるとき、（確率論でいう）正規分布関数と同じ形（ただし、その具体的な形は温度によって定まる）になるという考えである。

したがって、横軸に分子の速さ、縦軸にその速さをもつ分子の数の割合をとった図は、温度によって定まる正規分布曲線の形になる。これから、平均の速さや平均の運動エネルギーなどが求められ、分子のいろいろな性質の気体全体での平均値が求められる。それが、気体としての性質となるという議論である。

一般に、ある速度をもつ分子の数の割合が、速さの関数としてどのようになっているかということを、「速度分布（則）」という。それが、前記のように温度で定まる正規分布になるというのがマクスウェルの考えで、これを「マクスウェル分布」という。

この速度分布は、温度に依存するもので、平衡状態における分布を与えるものである。その後になって、任意の速度分布が与えられたとき、時間がたつにつれてどのように速度分布が変わっていくかについての理論が研究され、それによると、任意の速度分布は時間がたつにつれてマクスウェル分布に近づいて行き、マクスウェル分布になるとそのまま変化しなくなる。また、初めからマクスウェル分布を与えるとそのまま変化しない。一般に、変化しなくなった状態が平衡状態とよばれるから、マクスウェル分布は平衡状態における速度分布である。温度は平衡状態について与えられる概念であるから、マクスウェル分布のときに温度の概念が成り立つ。

「力線について」の続編、続々編

マクスウェルは、さきに「ファラデーの力線について」という論文を発表したが、これは力線をもとにした近接作用としての計算から、遠達作用で表された結果が導かれるということで、電磁誘導は含まれていなかった。電磁誘導を含めるように発展させて、続編をまとめなければならなかった。

まず、「物理的力線について」という論文が、一八六一年と一八六二年とに分けてまとめられた。電磁誘導となるような何かが局所局所で起こっていて、それが広がっていって、観測される現象となると考え、そのようなアナロジーの可能な力学的類似物を考えてみることにした。

まず、数式の上でみると、流体内の渦柱についての式と磁力線についての式に、形が似ているところのあることに気づいた。そこで、磁力線のかわりに渦柱を考え、磁気力の作用する所として、多数の渦柱が集った所を考える。そうすると隣りあった渦柱は接触面で相手の運動を妨げることになる。そこで、隣りあった渦柱の間に多数の小粒子の層があり、例えば渦柱を、同じ向きに回る歯

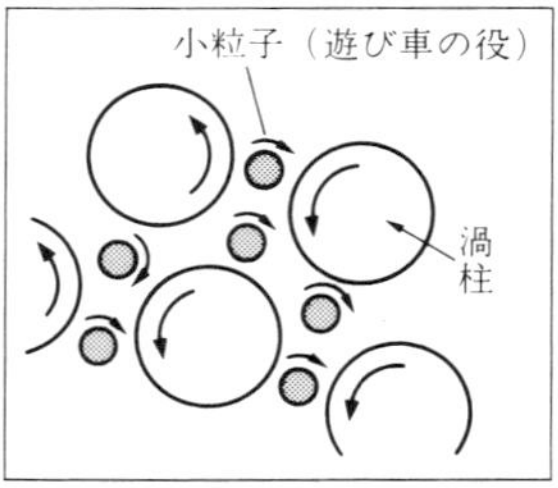

渦柱と小粒子（遊び車）

車と考えると、この層が遊び車の役をすると考えた。マクスウェルはこの小粒子を電気微粒子とよび、その流れを電流と考えた。

隣りあった渦柱の回転の速さが変わると小粒子が動き出すから、磁気力が変わる瞬間そのようなことが起こって、電流が発生するであろう。また、電気力により、小粒子の運動が変わると渦柱が発生するであろう。そうして、これらの場合、電流すなわち小粒子の運動方向と磁力線すなわち渦柱の方向は垂直である。

絶縁体媒質の場合には、電気力だけが作用するとき、渦柱になるべき所は回転が止った管のようになっていて、電気力によって小粒子が動くと管がひずみ、ある所でつりあって、小粒子は動かなくなる。この小粒子の変位を、「電気変位」とよび、その時間的変化は電流と同じであるとし、「変位電流」とよんだ。

マクスウェルの考えは、実際にこのモデルのような構造になっているというのではなく、このような類推ができるような何かがあるに違いないということであった。このとき使われたモデルは、考えを進めていく上での補助手段であった。

続いて、「電磁場の力学的理論」という論文が一八六四年に発表された。

そこでは、もはや前記のような媒質の構造に関する議論は姿を消してしまい、基本的な実験事実とその方程式とから、議論が進められていた。ここに「電磁場」という言葉が初めてでてくるのであるが、電気的あるいは磁気的物体があり、それをとりまく空間をそのように呼ぶが、真空では光の場合と同様エーテルを考えるとした。そして、電磁場の各部分は互いに関連し、一つの部分の変動は他の部分の変動に影響し、変動が伝わるには時間を要するとした。このように、電磁場は、媒質（真空ではエーテル）の一つの力学的状態として取り扱われていた。（なお、「電気力学（electro-dynamics）」という言葉もこのような考えにもとづくものである。）

この論文は、一般にはあまり認められなかった。あまりにも数式が複雑であった。また変位電流という考えは誰にも理解されなかった。ただ、振動の伝わりを検出しようという人はいた。とはいえ、この論文は、マクスウェルの電磁場に対する基礎方程式が初めて登場したという意味で、大変重要なものである。

光の電磁気論

マクスウェルは論文「物理学的力線について」において、電磁誘導の現象を起こすような媒質のモデルを考えたが、その仕組みの中で横ずれが起こったときにもとに引き戻す力を調べ、横振動が伝わることを導いた。そして、この力から横振動の波が伝わる速さを求めた。モデルは電気磁気的なものであるから、その速さも当然電気磁気的な値で表わされるものであった。

マクスウェルは、一八六一年十月十九日付の手紙で、ファラデーにあて次のことを伝えている（二〇一ページ参照）。

「自分の理論にもとづいて電磁気媒体の中に生ずる横振動の伝わる速さについて、空気中での値を計算してみると、フィゾーが測定した光の速さの値にほとんど等しいこと。光を電磁気的媒体の横振動の波だとすると、光のいろいろな性質が、電磁気的性質から説明されるようになること。」などである。そして、ファラデーの感想を求めたが、残念ながらファラデーはそのときすでに老齢で、機敏に応答することができなくなっていて、何の返事もなかった。マクスウェルは、前述のように、後に、「自分の考えは、光を磁力線の振動と考えるファラデーの考えと全く同じで、ただ、その速さを計算する材料がそろっているかいないかの違いだけである。」と述べた。

マクスウェルは、論文「電磁場の力学的理論」において、電磁場の基礎方程式をまとめて述べたが、その方程式から、電磁場の横振動が波として伝わることを導き、その速さが、電流の強さの静電単位と電磁単位との比に等しいことを示した。この比の値は、一八五六年に、コールラウシュとウェーバーとの実験により、真空中の光の速さの値にほとんど等しいことが示されていた。

このようにして、光は、電磁気的現象を起こしている媒体そのものの振動で、物質の光学的な性質は電磁気的な性質のもう一つの現れであるに違いないと考えた。例えば、光の反射・屈折なども電磁気的横振動の波の反射・屈折から説明され、また物質の屈折率も電磁気的な値から定まり、強磁性体でなければ、誘電率（今日のことばでは、比誘電率）の平方根となるとした。マクスウェルのこのような主張は「光の電磁波説」とよばれる。その実験的根拠をまとめると、

(1) 電磁波も（光と同じく）横波である。
(2) 真空中の電磁波の速さが光の速さに等しい。
(3) 物質の光学的な値が電磁気的な値から定まり、例えば非強磁性体では屈折率は誘電率（今日のことばで比誘電率）の平方根である。

マクスウェルは光の他には電磁波があるとは思っていなかったかもしれない。しかし死後になっていろいろな波長の電磁波が発生されることがわかり、光は波長が極めて短い電磁波であることがわかった。

ただ、後になって、前記(3)について疑問が提出されたことがあった。水やメチルアルコールなどで、比誘電率の平方根が屈折率の数倍になるものがあることがわかったのである。しかし、それは、光については、速く振動している状態における性質であるのに反して、誘電率などの静電気的な量はこれに比べて長い時間での性質であるための違いであることがわかった。つまり、水などの分子は時間があると方位がそろってくるので、そのような状態での測定値と、方位がばらばらでそろっていないときの測定値と違うからである（一八一ページ参照）。

電気標準単位委員会

電気の利用が日増しに盛んになり、重要になってくるにつれて、起電力、電気抵抗、電流の強さその他の基本的な電気的な単位を整えることが急務となってきた。一八六一年に、大英学術協会は、電気標準単位に関する委員会を任命した。その中にはホイートストン、マクスウェル、ウィリアム＝トムスン、スチュアート、ジェンキンなどがいた。特に、電気抵抗の標準単位（オーム）の実験的測定は、マクスウェル、スチュアート、ジェンキンによって、キングズ・カレッジにおいて、トムスンが提案した方法によって行われた。

このときの測定は大変重要なもので、後に一八八一年にパリで開かれた国際電気委員会で、基本単位として、抵抗にオーム、起電力にボルト、電流にアンペアが定められるときの基礎になった。後に、磁束の単位が定められたとき、「マクスウェル」と呼ばれることになった。

なお、マクスウェルはこの単位に関する実験のとき、相当積極的であったといわれている。そして、この時期に、電磁単位と静電単位との比について自分でも測定していた。その値は、それまでに得られていたいくつかの光速の測定値の中間の値になったという。このように、マクスウェルが単位の精密測定に熱心であったのと、電磁、静電両単位の比の値に注目していたのと、電磁波の速さの式を攻究していたのとが同じ時期であったということは、大変意義深いものがある。

グレンレァー隠遁時代

グレンレァーに隠遁

一八六五年の頃になると、マクスウェルは、そろそろグレンレァーに引き込みたいと考えるようになった。どうしても、このままのロンドンの生活では、研究の時間や著書をまとめる時間が足らないから、もっと時間がほしいと思った。キングズ・カレッジの講義についても、実験から引き出しながら講義していくことや、電気磁気の根本に深入りした説明など、一般の学生にはついて行きにくいもののようであった。再び、アバディーン大学の失敗を繰りかえしているのではなかろうかと思うようになった。

数年前までは、もうしばらくロンドンにいて、ファラデーと交わりたいという気持もあったが、もう既にファラデーは老境にあって、ハンプトン・コートの邸に引きこもり、正確な学問的応答ができなくなっていた。

ただ、大変うれしかったのは、一八六四年の春、ヘルムホルツが王立研究所で、色彩理論とエネルギー保存説について講演したときに、マクスウェル家への招待に応じてくれたことであった。

マクスウェルはついに、一八六五年の秋、キングズ・カレッジの教授を辞職し、グレンレァーに

ヘルムホルツ

移った。そこで、時々領主としての仕事をしながら、研究に集中することにした。

移って間もないある日、夫妻で乗馬を楽しんでいるとき、馴れない馬が急にかけ出し、マクスウェルは木の枝に頭をぶつけた。その怪我から丹毒になり、長いこと養生しなければならなかった。

それが恢復すると、領主としての仕事に精を出し、家を改築したり、オール川に橋をかけたりした。

夕刻になると、夫妻で古典を読みあったりした。

また、ときどき、夫妻で、ロンドンやケンブリッジに出かけることもあった。

そして、ケンブリッジ大学では、優等卒業試験の試験官を数回やったことがあった。

グレンレァーでの最も大切なことは、「熱の理論」を書きあげることと、「電気磁気の原理」についての論文をまとめることであった。考察を進めながら、各地にいる他の科学者と盛んに文通を始め、毎日のように手紙を書いた。

イタリア旅行

一八六七年には、夫妻でイタリア旅行をした。医者が、キャサリンに転地療養をすすめていたためでもあった。

ローマのサン・ピエトロ大寺院は大変気に入った。フィレンツェで偶然親友リュイス＝キャンベル夫妻と出会ったのは、何よりもうれしかった。その後、ドイツ、フランス、オランダと回って帰国した。

熱の理論

「熱の理論」という書物を執筆することは、グレンレァーに引き込む主目的の一つであったので、根本に戻って考察を進めた。

まず、分子の衝突の様子を明確にしなければならないが、統計学的な方法を使うと、解が相当難しくなってくる。分子間の力は気体によって違うであろうが、気体に共通的な性質を問題にするとき、エネルギーや運動量の保存などが重要で、分子間の力にはあまり依存しないと思われ、解を得やすい力を求めた。分子間の力が距離の五乗に反比例すれば、解が具合よく得られることを見出し、この仮定のもとに計算を進めた。

このように、気体の分子が衝突しながら運動しているという考えから、統計的な平均値より気体の熱的な性質を導き、説明していった。このような方法は、「気体分子運動論」とよばれた。

オーストリアの若い研究者ボルツマンは、マクスウェルの、分子間力の逆五乗則など、議論の巧妙さに驚いた。そして、マクスウェルの気体分子運動論を発展させ、一八七二年に、熱現象の不可逆性の力学的証明のために、「H定理」とよばれる理論を提出し、第二法則の統計的、確率的な意味を明らかにした。

なお、マクスウェルの速度分布は、気体に外部から力がはたらかない場合を取扱っているが、ボルツマンは、気体に外部から力の作用がある場合など、いろいろな場合の分子の速度分布を求めた。これを「マクスウェル・ボルツマン分布」といい、このような統計的方法を「マクスウェル・ボルツマン統計」という。

「熱の理論」は、結局、一八七一年に出版された。

マクスウェルの魔物

「熱の理論」は完成したが、そこで、一つの疑問を投げかけている。まず、気体を入れた一つの容器があり、容器内は仕切壁によってAとBの二つの部分に分けられ、仕切壁には、開閉できる小扉のついた小さい隙間があるとする。ここで、次のような小さい生きものを想像することを提案している。現在のわれわれには不可能であるが、この生きものは、分子とその速さを見分けて、扉を開閉し、比較的速い分子はAからBに行かせ、比較的遅い分子はBからAに行かせるとする。この生きものは分子に対して仕事をしないで、Bの温度を上げ、Aの温度を下げることができ、熱力学の第二法則に反することになり、AとBの間の温度差をつけていくので、エントロピーは減少することになる。

マクスウェルは、ケンブリッジで、このパラドックスについてストークスに話し、また、トムスンやテートにも手紙に書いた。トムスンは、さっそく、この想像上の生きものを「マクスウェルの魔物（Maxwell's demon）」とよんだ。

マクスウェルとしては、熱力学第二法則も真に正しいものであれば、分子の運動から導かれるべきものと考えていたのであろう。

やがて、その解決は得られた。まず、第二法則の力学的な議論はボルツマンにより始まり、その他の人々によってなされた。

また、マクスウェルの魔物についても、当時は、全く無意味であるとして無視する人とか、そのような魔物も小扉も分子運動によって破壊されるであろうという議論などがでた。しかし、量子力学が出現し、観測の理論が重要になってから、一九二九年に、ハンガリーの物理学者シラードは「知的存在の関与による熱力学体系のエントロピー減少について」という論文において、マクスウェルの魔物について考察し、情報を得るためには、エネルギーの消費とエントロピーの増大が必要であることを明らかにした。こうして、この魔物は粉砕された。そして、この論文は、情報理論の先駆となった。

微分演算子ナブラ

アイルランドの首都ダブリンのトリニティ・カレッジの教授ハミルトンによって四元数法が考え出されたが、その後、テートは北アイルランドのベルファストの大学に行ったとき以来、ハミルトンから強い影響を受け、四元数法を発展させた。ハミルトンやテートは微分することを表わすのに、∇という記号を使っていた。微分する（ディファレンシエート）の頭文字dを記号化したいが、dに対するギリシャ文字Δはすでに他の意味に使われていたので、ひっくりかえして∇にしたのであろう。

ところで、∇はアッシリアのハープの形で、ナブラとよばれていたということを知ったので、この記号を「ナブラ」とよぶことにした。

マクスウェルは微分記号∇も、その呼び名ナブラも、大変気に入っていたようである。

お互いの略称

略記号の話のついでであるが、彼等自身もお互いを略記号で表わしていた。

当時の研究者達は、頻繁に手紙をやりとりして意見を交わしていた。今日から考えると発表の機会が少ないとか、交通が便でないとか、電話がない等の理由によるのであろう。しかし、逆に貴重な資料として残ったことは幸いであった。

こうして、親しい間で、お互いを略記号で表わしていた。最も有名なのは三つのTであった。当時、頭文字がTの人が三人いたが、最も有名なウィリアム＝トムスンはT、テートはT′、ティンダルはT″で表わされた。

マクスウェルも、署名の代りなど、自分を表わすのに、時々 dp/dt という記号を使っていた。これは、ジェームズ＝クラーク＝マクスウェルがJ・C・Mであるのに対して、当時の記号で次のような熱力学の式があったからである。

$$\frac{dp}{dt} = JCM \quad \left[\left(\frac{dp}{dT}\right)_V = \left(\frac{dS}{dV}\right)_T \quad \left(C = \frac{1}{T},\ M = T\left(\frac{dS}{dV}\right)_T\right)\right]$$

ここに、括弧内は今日の記号を用いたものである。

キャヴェンディッシュ研究所時代

ケンブリッジ大学実験物理学教授へ　英国の古い名門キャヴェンディッシュ家には、高位高官の人達だけでなく様々の人がいた。その中にヘンリー＝キャヴェンディッシュという物理学者がいた。この人は奇人と思われていた人であったが、マクスウェルの頃のケンブリッジ大学総長デヴォンシャー公が、この人の主家の子孫で、この物理学者は総長の大叔父にあたる人であった。デヴォンシャー公自身も、ケンブリッジ大学出身で、かつての「セカンド・ラングラー」であり「スミス賞」も受賞した人であった。したがって、数学・物理学方面の教育の問題点もよく理解した人であった。当時の物理関係の教育は、講義とごく簡単な実験だけであり、もはやこれだけでは不十分な時代になっていることをよく知っていた。これからの学問を進めるためには、測定計器その他の装置を備えた物理実験室をもって、教育も研究も行わなければならないと考えていた。

一八七〇年に、デヴォンシャー公は、ケンブリッジ大学の付属として、物理実験の研究所を設立するよう資金を提出したいと、大学に申し出た。大学の委員会ではこれを受け、このために新しく教授の席をつくることにした。

こうして、ケンブリッジ大学の物理関係としては、自然哲学といわれてきた講座が数理物理学の講座と実験物理学の講座とになり、実験物理学の講座には新しくできる実験研究所がつくことになった。この研究所は初めデヴォンシャー研究所とよばれたが、間もなく「キャヴェンディッシュ研究所」と呼ばれるようになった。

そこで、この教授の席に誰を推すかという候補者選びが大変であった。まず、当時英国第一の物理学者と目されていたウィリアム＝トムスン（後のケルヴィン卿）を推薦しようということになった。しかし、トムスンはグラスゴー大学に新しい実験室を作っており、グラスゴーそのものにいろいろと愛着があったせいであろうか、断ってきた。

次に考えられたのは、ドイツのヘルムホルツであった。当時、トムスンと比肩される人はヘルムホルツの他はないと考えられていたからである。しかし、ヘルムホルツは既に、ベルリンにおいて、十分満足した地位にあった。これからも断ってきた。

その次の候補者として、マクスウェル、それがだめならジョン＝ストラット（後のレイリー男爵）ということになった。マクスウェルはこの話をきいても、しばらくためらっていた。そのことを聞いたストラットは、マクスウェルが心配している気持が推察できたので、すぐに手紙を出して、「講義をするための人ではなく、実験の経験が豊かで、若い人々を正しい方向に導くことのできる人が求められているのです。あなたが来られなければ、もう他にはありません。」と述べた。

そのうちに、一八七一年二月十三日付で、ケンブリッジ大学から、正式の書状が届いた。マクスウェルは直ちに、二月十五日付で手紙を書き、「一度そちらに行って、私でお役に立てるかどうか検討してからにさせて下さい」と述べた。

二月九日付で、この教授職の任務として、「熱・電気・磁気の法則を教え、これらの学問を自ら発展させ、その研究を学内に促進させる」ということが決まっていた。これなら、何とかやっていけそうだと思われたので、引き受けることにした。ただし、一年たって不都合ができれば、やめてもよいという条件付きにしてもらった。こうして、マクスウェルは一八七一年三月八日付で、新しい実験物理学の初代教授に任命された。

なお、今日、物理学を学習する者にとってマクスウェルはいつでも数式とともに出てくるので、全く式だけを扱っていた人のように思う人があるかもしれない。しかし、若いときから、力学コマや色コマを始め、光弾性や色の混合のような実験など、工夫をしながら実験を続けていたのである。教育上も、実験をしながら教えるという方法をとったし、優等卒業試験の出題も数学の証明だけではなく、応用的な線にそったもので、ケンブリッジ大学の中に、実験室を備えた新しい教育が必要であるという気運をつくることにも一役買ったのである。マクスウェルが、実験物理学の初代の教授になったのも、全くふさわしい人を得たと言える。

また、この頃に講座上で実験物理学と数理物理学とに分かれたとはいえ、実験物理学者と理論物理学者との分業が進んだのは、二十世紀になって実験で（原子や原子核の実験のように）大型化が進み、理論で（相対性理論や量子力学のように）数理化が進んでからのことである。

キャヴェンディッシュ研究所建設　新設の実験物理学初代教授に任命されたマクスウェルの、最初に果たすべき仕事は、研究所を建設し、その設備を整えることであった。予定地は既にきまり、建築家や作業主任などもきまっていた。

最も肝腎な全体構想をつくらなければならなかった。しかし、初めてのことであるので、当時、立派な物理実験室があることで有名であった、グラスゴー大学のW・トムスンのところに見学に行った。そして、実験研究室がどのように作られているか、どのような装置が備えられ、研究実験や学生実験がどのように行われているか等を、詳しく見、かつトムスンの意見もきいた。

そして、設計を考えるにあたっては、かつて父がグレンレァーの建設の際に苦心して設計していたのを思い出しながら、ようやく設計案をまとめることができた。設計案は大学の会議で承認され、工事が始まった。

建物がだんだんできてくると、備えつける設備のことを考えなければならなかった。最上の装置を備えることにしたが、資金が十分でなかったので、自分の計器を供出したり、買い足したりした。また、大英学術協会から寄贈もあった。さきに行った電気単位の標準化の実験のとき使った高価な計器も寄附された。

こうして、三年余りを費して完成し、一八七四年六月十六日に、開所式が行われた。三階建ての大変立派な研究所であった。一階には強力な電池を備えた電源室をはじめ、精密な計器類を備えた各種測定室や工作用工場などがあり、二階には、マクスウェル自身の研究室並びに実験室と大きな講義室とがあり、三階には、音響、光学、熱放射などの各研究室や、高電圧を備えた研究室や暗室などがあって、なかなか優れた構成になっていた。

旧キャヴェンディッシュ研究所

なお、建設場所であるが、トリニティには余地がなかったが、コルプス・クリスティ・カレッジの南に空地があったので、そこに建てられた。今は家が建てこんでいるが、コルプス・クリスティ・カレッジの北東の角のあたりに小さい教会があり、そこの東を南に入る小さい路地を入った所にあり、わかりにくい（今はもはや独立した研究所でもなくなったこともある）。

ここは、二十世紀の初め頃、原子物理学の研究における世界の中心になった所であるが、創設以来百年ほど続いて、今は、新しいキャヴェンディッシュ研究所が、市の北西の郊外に建設されており、ここはトリニティの専門的な講義や実験に使われている模様である。（学生に道をきいたら、「キャーヴェンディッシュ」と発音した。）

キャヴェンディッシュ遺稿

物理学者ヘンリー＝キャヴェンディッシュは、マクスウェルよりちょうど百年前の、一七三一年に、フランスのニース（母の静養地）で生れた。名門デボンシャー家の三男の息子として生れ、父が長男でなかったので爵位はつながなかった。ケンブリッジ大学で学んだが、優等卒業試験トライパスも受けず、私邸内に実験室をつくって研究した。人間嫌いで、人との交際を好まず、独身を通し、すべてのことに無頓着で、研究もあまり発表しなかった。

沢山の遺稿がデボンシャー公の手許に残されていたが、研究所設立を期に、その整理がマクスウェルに依頼された。

熱に関しては、熱容量、気化熱、融解熱などを既に測定していた。化学上では、水素を発見し、水の組成を決定した。

電気に関する研究は多く、導体の直列接続、並列接続の法則も明らかにしており、ガラスや樹脂などの誘電率も求めていた。なかでも、電気を帯びた物体の間の力が距離の二乗に反比例するという今日クーロンの法則とよばれるものを、それ以前に既に見出していた。

これらは、ヴォルタの電堆もない頃のことであるので、ランデンびんの放電などの瞬間的な電流によって調べた。そして、それを検出するには、召使に、導体の端を両手で握らせ、ショックによって比較したという。

マクスウェルは、これらの電気に関する研究を、自分で実験してみて確かめながら、遺稿を整理した。それは、死の直前一八七九年十月に出版された。これによって、ヘンリー＝キャヴェンディッシュの埋れていた業績が世に明らかにされた。

なお、ヘンリー＝キャヴェンディッシュは八十歳で亡くなったが、そのとき漠大な遺産がそのいとこすなわち現デボンシャー公の祖父に残された。研究所が「キャヴェンディッシュ研究所」とよばれるのは、このような経緯をふまえて、ヘンリー＝キャヴェンディッシュとデボンシャー公ウィリアム＝キャヴェンディッシュとにちなんで名づけられたのである。

電気磁気論

マクスウェルは、「ファラデーの力線について」という論文以来、「電磁場の力学理論」その他いろいろな形で、電気磁気の基本について論じてきたが、これら全部をまとめ、できるだけ整理して、「電気磁気論」という本にして、一八七三年に出版した。

この本は、電気磁気学の上で重要な歴史的な本になった。そこには、「電磁場の基礎方程式」とよばれる方程式系があげられ、それをもとにして考察が進められている。しかしそれらは、十数個の方程式からなり、重複があったりして十分に整理されていないことが後の人の研究によってわかった。式の書き方も今日とは違った、見づらいものであった。やがて、ヘルツやヘヴィサイドによって四つの式にまとめられ、今日のような書き方になった。

ただし、マクスウェルはその基礎方程式を求めるとき、「任意の区域に電流が入ったり出たりするとそこの電荷が、それだけ増減する」という電荷と電流の間の連続の条件が成り立っているようにするために、電流のまわりに磁場が生ずるという法則において、変位電流というもの（今は電束電流という）を仮定し、〝電流〟のところを〝電流と変位電流の和〟と修正した。

そして、マクスウェルは、これらの方程式から、電場や磁場が振動しながら一定の速さ $\frac{1}{\sqrt{\varepsilon\mu}}$ で横波として進行するという解があることを見出し、電磁波とよんだ。（以下このことは、III章において詳しく述べる。計算は一八八ページ）

この電磁波の速さは、真空中では電磁単位と静電単位の比になり、値を計算してみると、光の速さの測定値と等しいので、マクスウェルは光は電磁波であろうという説を唱えた。

ところが、この理論は一般の人の支持が得られなかった。特に、変位電流という不可解なものを含んでいることに難色を示す人が多かった。

しかし、この理論は何かを含んでいると感じている人も無いことはなかった。ヘルムホルツの示唆を受けたその弟子ヘルツは、電磁波を発生する実験に成功した。それは、マクスウェルの死後九年目のことであった。

マクスウェルの理論から予言された電磁波が実証されると、その根拠の一つである変位電流も含めて、その基礎方程式全体が一般に認められるようになった。光の現象はこの方程式によって次々に説明されるようになり、その他の電気磁気的な現象もこれによって説明されることがわかった。

このようにして、マクスウェルの理論は、光を含めた電気磁気のすべての古典的な（すなわち量子効果を除いた）現象を説明するものであることが明らかになった。これらの輝かしい成果が明らかになったのは、マクスウェルの死後であったことは残念なことであった。

光の圧力

マクスウェルの光の電磁波論から、光を受けた物体は、それから圧力を受けることになった（これは光の電磁波のもつ電場から物体内の電子等が作用を受ける結果である）。これを「光の圧力」とよんだ。これを、方程式から計算すると、快晴の日の太陽の光線は一メートル平方の地面に、〇・四ミリグラム重程度の力を与えているという計算になった。

一九〇〇年に、ロシアのレーベデフは、真空の中で小円板をガラス線でつるし、アーク灯の光をあて、ねじり秤で調べた結果、計算値のような値を得たといわれる。しかし、当時の真空技術では、残った気体が円板からの反射光線で暖められた結果ではないかとの反論もある。とにかく、方々でそのような実験が試みられたらしく、夏目漱石の小説「三四郎」にも、光の圧力を研究している人の話がでてくる。

ところで、彗星はつねにその尾を太陽の反対の方向になびかせながら運動していることが観測されているが、これこそ太陽の光線の圧力を受けるためであるという説明がなされるようになった。

ただ、少し力が弱いという感じはあった。

しかし、ロケットを地球のはるか上空まで上げたり人工衛星で観測できるようになると、太陽から絶えず、陽子や電子その他の粒子が高速度で四方八方にとび出していることがわかり、「太陽風」と名づけられた（気象現象としての普通の風も、空気分子の流れである）。彗星の尾の方向は、太陽から出ている太陽風でたたきつけられたためであるということになった。これならば、十分大きい力を作用するから。

発　病

マクスウェルの重大な病気のきざしが現れたのは、一八七七年の春のことであった。肉を食べた後で、苦しくなることに気づいたのである。

その後、人にも相談しなくて堪えていたが、一八七九年四月には、食べものを飲み下すとき、痛みを感じるようになったので、かかりつけになっていた有名な医者パジェットに手紙で相談した。あからさまにはされなかったが、実は、消化器の癌であり、彼の母もその病気で五十歳前に亡くなっていた。

五月には、ケンブリッジの友人達にも、見るからに元気がないことがわかるようになった。しかし、講義だけは終らせようと、そのような体で続けていた。最後の講義に出たのは、ミドルトンとフレミングの二人であった。

六月になると、例年のようにグレンレァーに帰った。そして、相変らず、多くの人々と手紙のやりとりをした。

九月のある日、研究所の助手ウィリアム＝ガーネット夫妻が、はるばるグレンレァーまで見舞いにやってきた。あわなかった三か月の間にひどくやつれているのを知った。マクスウェルは夫妻を案内して近くを回ったりした。

十月になると、ますます病状が悪化したので、ケンブリッジに帰り、専門医のパジェットにみてもらった方がよいということになった。このとき、エジンバラの学生時代の友達であった医者サンダースから、「これは癌で、あと一か月もたないかもしれない」と告げられた。

終焉

夫人と付添いがついてケンブリッジに向かったが、すでに非常に衰弱していたので大変であった。自分だけでは、列車から馬車に乗りかえることもできない状態であった。医者パジェットは、できるだけ苦痛をやわらげることに努めた。

しかし、日増しに衰弱し、ついに十一月五日に、静かに息を引きとった。こうして、マクスウェルは、四十八歳にして、母と同じ年齢で同じ病気によって亡くなった。マクスウェルにも子供がなかった。

そのあと、トリニティ・チャペルで葬儀が行われ、ひつぎはグレンレァーに運ばれ、郷里のコルソックの教会の墓地に葬られた。

電波が発見され、マクスウェルの電磁気理論が認められるようになって行くに従い、電気通信その他の電磁現象の研究が急速に進歩し、それにつれてマクスウェル理論の真価がますます発揮されるようになった。

マクスウェル理論の真価

しかも、場の思想はさらに発展を続け、重力場から素粒子場まで、物理学の基礎を支える概念になってきた。

こうして、マクスウェル理論は、ニュートンの力学理論に優るとも劣らぬ価値のものとみなされるようになった。ただ、誠に残念であったのは、ニュートン（並にアインシュタイン等多くの人）にとって存命中にその成果が認められたのに対して、マクスウェルの理論は、認められるのに死後長い間かかったことである。ニュートンはウェストミンスター寺院に（西門入口正面あたりに）葬られたのに対して、マクスウェルは、郷里の教会に葬られたのであった。

しかし、その後マクスウェル理論の成果は着々としてあがり、半世紀もたつと、その真価は完全に明らかとなって、マクスウェルの生誕百年であり、かつファラデーの電磁誘導発見百年目である一九三一年には、ウェストミンスター寺院にファラデーとマクスウェルの記念碑ができた。誠に幸いなことであった。

III

ファラデー・マクスウェルの場の思想と電磁気学の完成

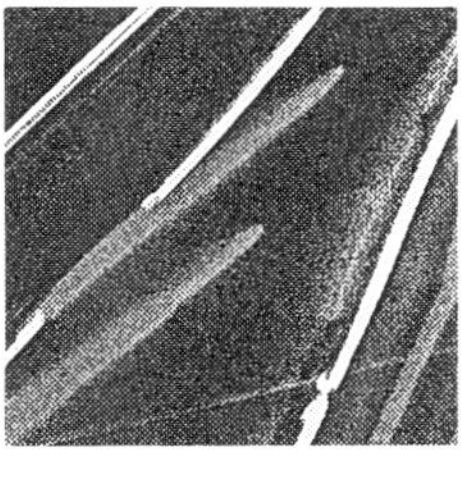

電磁気学諸法則の発見

まず、電磁気学の基礎理論に関連をもつ四つの法則の発見過程について述べておこう。

電磁気学に初めて数量的な基礎が導入されたのは、クーロンの法則の発見からである。

クーロンの法則

十七世紀の中頃、若くしてフランス陸軍に入り、陸軍技師をしていたクーロンは、病を得て、陸軍を退役し、パリに帰って技術者となり、パリ大学で科学の研究をしていた人であるが、大変きちょうめんな人であった。摩擦の法則はレオナルド・ダヴィンチもすでに見出しており、その後いろいろな人々によって調べられたが、クーロンはこれについて大変詳しい実験を行い、三〇〇kgまでのいろいろな荷重をかけて調べ、摩擦の法則を確立した。このため、この法則は摩擦に関するクーロンの法則ともよばれる。このように、技術者として豊富な経験をもち、度量衡制定の仕事にも従事し、また精密なねじり秤りをつくった。

このねじり秤りを用いて、二つの小帯電体の間に働く力を測定し、力は電気量の積に比例し、両者間の距離の2乗に反比例し、両者を結ぶ直線にそった方向に作用することを確かめた。また、磁気力についても、磁極の間の力について、同様のことが成り立つことを確かめた。

クーロンの法則はニュートンの万有引力の法則によく似ていて、質量を電気量に置きかえたものに相当している。このような公式によって、作用が途中の空間を素通りして、まっすぐに伝わるとして、物体間の力を考えるとき、直達作用または直達力という。

これらの場合に、二物体間にはたらく力は、その二物体を結ぶ直線にそった方向に（引力または斥力として）はたらく。これらは、二つの球状物体間にはたらくとき、二球の中心を結んだ直線、すなわち中心線にそってはたらくが、このように中心線にそってはたらく力を中心力という。

万有引力だけでなく、（静止した）電気、磁気の間にはたらく力も、直達中心力として表わされたので、しばらくの間は、すべての力は直達中心力であろうという考え方が続いた。この考えは力学的自然観とよばれた。

電流による磁気とアンペールの法則

エルステッドは、初め薬学を修めたが、ベルリンやパリで学び、後にコペンハーゲン大学の理工学教授になった人である。

講義中には、器用な学生に手伝わせて実験をしてみせていた。磁針の上に、それと直角な水平方向に導線を張って電流を流したら磁針は動かなかった。その頃の考え方では、すべての力は電気の運動の方向にはたらくものと考えていたので、この実験から、電流は磁針に作用しない、つまり電流は磁気的なものとは作用しあわないと考えていたのであった。

ところが、実験を手伝っていた学生の手記によると、一八二〇年二月の末頃のある日のこと、エルステッドは、電池に余力が残っているから、一度、導線を磁針に平行にしてやってみようと言った。そのようにしてやってみると磁針が大きく振れ、彼は当惑してしまった。これが、電流の磁気作用の発見である。エルステッドは、電流は導線内で螺旋状に流れるに違いないと考えたということである。

エルステッドのこの実験の短い報告は六月に発表され七月には印刷されたが、数日後にはジュネーヴに届き、ちょうどパリから旅行中であったアラゴーがそこに滞在していて、それを聞いて驚き、パリにもどると、九月十一日の科学アカデミーの会合で報告した。

当時はちょうど、フランス解析学の爛熟期で、極めて急速な反応が現れた。まず（かつて、ディヴィーと旅行中のファラデーにも会ったことのある）アンペールが直ちに研究を開始した。アンペールは理論家であったが、自分で器具を調達して実験を試みた。一週間後の九月十八日の会合には、電流が流れている導線が力を及ぼしあうことを報告した。さらに、十月末までには、平行な二本の導線に同じ向きに電流が流れると引力を及ぼしあい、逆向きに電流が流れると斥力を及ぼしあうことを見出し、また閉じた回路は磁石と同じような作用をもつことを確かめ、磁石の作用は内部の環状電流によるという説を述べた。ただし、このとき、磁石全体を流れる環状電流を考えていたが、後にフレネルにより、微小な環状電流でないと事実と合わないことが指摘され、磁性の分子電流説となった。こうしてアンペールはエルステッドの実験を知ってから数週間のうちに、磁気が電流によってつくられるという理論を完成した。

一方、ビオやサヴァールは電流から生ずる磁場の公式を求めた。そして、アンペールも電流のまわりに発生する磁場について成り立つ公式を求め、アンペールの法則とよばれる。

他方、エルステッドは、彼の実験を報告したパンフレットを方々に発送し、八月には、ロンドンの王立研究所のデイヴィーの所にも届き、ファラデーとともに検討したが、特別の発展も得られなかった。ただ電流と磁気の間に注目すべき関係のあることが強烈に印象づけられた。

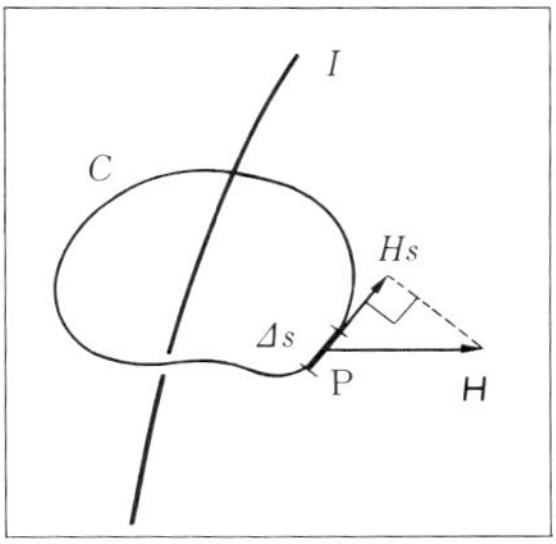

電流のまわりに生ずる磁場

アンペールの法則とは次のようなものである。図で、導線に一定の電流Iが流れるとき、これをめぐる任意の閉曲線Cを考える。Cを微小な長さの部分に分け、その長さをΔsで表わす。その微小な部分上の一点Pにおける磁場の強さを$\mathbf{H}$で表わす。点PにおけるCへの接線方向の$\mathbf{H}$の成分（接線上に下ろした$\mathbf{H}$の正射影）をH_sとし、積$H_s\Delta s$をつくる。この積を曲線の各微小部分について作り、それを全体で集めたものは、曲線Cをどのようにつくっても、常にIに等しい。これが、電流Iのまわりに発生する磁場が満足すべき方程式である。

(注)　これは積分を用いて次のように表わされる。

$$\int_c H_s ds = I$$

これに、ストークスの定理という数学公式を用いると、次の形の微分形に書きかえられる。

$$\mathrm{rot}\mathbf{H} = i \quad (i\text{は電流密度}) \qquad (1)$$

(積分形の式から等価な微分方程式を導くことは、大学二年用物理学教科書を参照)

なお、アンペールは一八二七年に、電磁現象を、ニュートン力学の方法によって、まとめる理論を試みた。電線を微小部分に分け、それを流れる電流を電流要素とし、それらを力学の質点のように考え、各質点からの力を合成して導線全体からの力(万有引力など)を求めるのと同じようにして、各電流要素からの作用を合成したものとして、電流全体からの作用を表わした。そして、この理論を電気力学とよんだが、それによって当時知られていた電気磁気の現象をすべて説明することができた。しかし、一八三一年にファラデーの電磁誘導が発見されると、それを説明することはできなかった。

ファラデーの近接作用論と電磁誘導の法則

一八三一年に、ファラデーが電磁誘導の現象を発見したときは、全く定性的なもので、どれだけの電流がどの向きに発生するかという定量的なことは、そのときには全くわからなかった。このような点について、研究が進められ十数年の後に、ノイマンによって電磁誘導の数量的な規則が見出された。

ファラデーは電磁誘導の現象を発見したとき、既に磁気線という言葉を使っているが、その後力線の考えをますます深めていき、一八五一年にまとめて発表した。

ファラデーが近接作用の考えを深めていったのは、電気分解の研究を進め、静電誘導を考察していった段階においてであった。ファラデーは、電気分解について、電解質溶液に電流が流れるとき、まず粒子の分極ができ、次に粒子の分解が生じ、そして再結合と分解とが進行していって、電極に分解物質が析出すると考えた。このとき、正と負の電極の間に直達作用によって電気力がはたらくとすれば、このような現象は両極を結ぶ直線上にだけ現われると思われるのに、実験でたしかめてみると、直線からはずれた所にも、全体にわたって作用が起こり電流が流れていた。

また、電極の間の物質が絶縁体のときは、物質粒子は（分解してしまわないで）分極した状態になっているが、分極した一連の粒子のはたらきで作用が伝えられ、誘導現象が生ずる。このときも、この作用は両極間を結ぶ直線にそってだけ伝えられるのでなく、直線からそれた（絶縁体全体にわたる）曲線にそっても伝えられる。さらに、直達説では間の空間を素通りして作用が伝わると考えていたのに、途中の絶縁体の種類によって違った影響が生ずる。このことを示すために、同心球コンデンサーの極板の間にいろいろな絶縁物質を満たし、蓄えられる電気量が満たした物質によって違うことを確かめた。

このように、誘導作用が曲がった経路にそって働くことを確認したわけであるが、その働く方向を示す曲線を力線とよんだ。力線は長さの方向に縮まろうとし、横の方向に広がろうとする傾向をもつと考えた。このような力線が空間を満たすことによって、静電現象がすべて説明できると主張した。

この力線の考えを、磁気現象にまで広げた。小さいループを検流計につなぎ、磁石の近くのいろいろの位置において、生ずる誘導電流を調べ、鉄粉の分布のとおりの磁力線が存在することを確かめた。さらに、磁石の内部にも磁力線が存在するかどうかを調べる実験を行なった。二本の同形の棒磁石を同じ向きに平行にして密着させると一本の棒磁石になるが、その間に細い導線をはさみ、導線を動かしたときに発生する誘導電流を測るという方法によって調べた。この結果、磁石内部にも磁力線が存在し、それは外部の磁力線とつながってつねに閉じた曲線になっていることが明かになった。これから、磁力線が出たり入ったりするような磁極というものは存在しないで、磁極と思っていた所は、磁力線がきわめて密集して通過する所であることがわかった。そして、磁石のはたらきは、磁力線どうしの作用であることを確かめた。

ファラデーは、電気や磁気があるとき、その作用は途中の空間を素通りしてまっすぐにはたらくというニュートン以来の直達説を排して、電気や磁気の周囲の空間は力線で表わされるような一種の緊張状態になり、作用は力線にそって隣りへ隣りへと伝わりながら遠くまで到達するという近接作用の考えを構成した。ファラデーにとって力線はきわめて実在的なもので、物質があってもなくても、力線は空間を満たしていて、光も力線の振動であろうと述べた。そして、この考えを数学的に表現し、電気磁気の力線によって満たされた空間を電磁場とよび、その中で起こる現象として、電磁場の理論を完成したのは、マクスウェルであった。

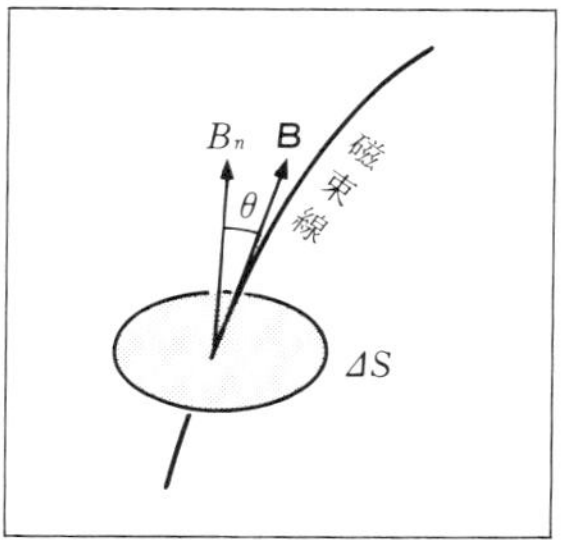

面を通る磁束

電磁誘導の現象は、今日の言葉では、次のように述べられる。

磁場の強さを（方向も含めて）$\mathbf{H}$ とし、媒質の透磁率を μ とする。（磁場に垂直な）単位面積あたりに、積 μH（H は $\mathbf{H}$ の大きさ）に等しい本数ずつの密度で磁力線を引くとき、それを磁束線といい、ある面を貫く磁束線の数を磁束という。その単位面積あたりの数は $B = \mu H$ であるので、方向も含めて $\mathbf{B} = \mu\mathbf{H}$ を磁束密度という。一つの閉曲線 C を縁とする曲面 S を考える。その小さい面積 ΔS の部分を通る磁束線の数は、法線と磁場の方向の角を θ とすると $B\cos\theta\Delta S = B_n\Delta S$（$B_n$ は $\mathbf{B}$ の法線方向の成分）となるから、この曲面を貫く磁束$\boldsymbol{\Phi}$は $B_n\Delta S$を面全体にわたって集めたものになる。

電磁誘導においては、曲面Sを貫く磁束の時間的変化率に等しい起電力が曲面Sをとりまく閉曲線Cにそって生ずるということになる。

ここに起電力は、次のように表わされる。電場の強さが$\mathbf{E}$のところで、その方向に距離Δsだけ離れた二点間には$E\Delta s$だけの電位差が生ずるから、曲線の接線方向の$\mathbf{E}$の成分を$E_s = E\cos\varphi$（φは$\mathbf{E}$の方向と曲線の接線方向との間の角）とすると、曲線の長さΔsの小部分の両端にできる電位差は$E_s\Delta s$である。したがって曲線C全体について$E_s\Delta s$を集めたものが、曲線全体で発生する起電力になる。

また、起電力の向きについては、磁束の変化をさまたげる向きに、すなわち例えば磁束が増加するときは磁束が減少する向きに電流が流れる。これをレンツの法則とよぶ。

なお、前述の起電力は、物質があろうがなかろうが、空間内の任意の閉曲線Cについて成り立ち、たまたまそこにコイルがあれば、その起電力をコイルの抵抗で割っただけの電流が流れることになる。

(注)　電磁誘導の法則は積分を用いて次のように表わされる

$$\int_C E_s ds = -\frac{d}{dt}\int_S B_n dS$$

これに、ストークスの定理の式を用いると、次の形の微分形に書きかえられる。

$$\mathrm{rot}\,\mathbf{E} = -\frac{\partial \mathbf{B}}{\partial t} \qquad (2)$$

十九世紀を代表する数学者の一人ガウスは、数学の実際的適用を極めて重視した人であるが一八四〇年頃に、電気的作用を数学的に表わすことを考えていた。

ガウスの法則

ところで、最初に述べたクーロンの法則は、直達作用の考えの形になっているが、この現象は近接作用の考えからするとどのように解釈されるであろうか。すなわち、力線を用いるとどのように表わされるであろうか。

まず、媒質が等方性で誘電率がεのとき、電場の強さ（単位量の電気をもつ粒子が電場から受ける力）が、方向も含めて$\mathbf{E}$であるとする。このとき（垂直な）単位面積あたりに$D = \varepsilon E$（Eは$\mathbf{E}$の大きさ）本の密度で電気力線を引き、これを電束線とよび、ある面を貫く電束線の数を電束という。Dは電束の密度であるから、（方向も含めて）$\mathbf{D} = \varepsilon\mathbf{E}$を電束密度という。

さて、電気量qをもつ粒子から、距離rの点に生ずる電場の強さは、クーロンの法則から$E = q/(4\pi\varepsilon r^2)$となる。この粒子を中心とした半径$r$の球面の電場の強さはこの大きさで、球面に垂直な方向をもつ。電束密度は$D = \varepsilon E = q/(4\pi r^2)$となる。したがってこの球面を通る電束は、（球面の面積が$4\pi r^2$で、球面と垂直に通るから）$4\pi r^2 D = q$である。これは球面の半径rに関係しないから、粒子を中心にしたすべての同心球面をq個の電束線が通ることになる。これから、電気量qをもつ粒子からq本の電束線が出るという表現が可能となる。

もし、仮りに、電気力が例えば$\frac{1}{r^3}$に比例すると考えてみると、Dは$\frac{1}{r^3}$に比例し、球の半径はr^2に比例するので、半径rの球面を通る電束線の数は$\frac{1}{r}$に比例し、球の半径が大きくなるにつれて電束線の数が減っていくことになる。これでは、電束線は各点の近くで局所的に考えられるだけで、一本一本のそれぞれ長くつながった別々の線として考えられなくなってしまう。

クーロンの法則が成り立つ場合には、電束線は一本一本がそれぞれ個性をもち、始めから終りまで一貫した実在として考えることができる。

なお、電束線には向きを考え、正電荷から出ていき、負電荷に入っていくと考える。各電束線は正電荷から出ていって負電荷に入るか、または無限遠に達するかである。

このような情況であるので、電荷が多数分布しているときに、任意の閉曲面を考えると、そこを通過して出入りする電束線の差し引きの数は、曲面内にある電荷の代数和に等しい（正ならば差し引きの数だけ出ていき、負なら入っていく）。閉曲面内に電荷がない場合には、そこは電束線が通過するだけの所で、入っただけ出ていき、差し引き出ていく電束線は0である。これらのことは、クーロンの法則の式を用いて証明することができる。

以上のことをまとめると、次のようになり（電場についての）ガウスの法則とよばれる。

任意の閉曲面から（差し引き）出ていく電束線は、曲面内に含まれた電気量（代数和）に等しい。

(注) 積分を用いると次のように書ける。

$$\int_S D_n dS = \int_V \rho dv \quad (\rho\text{は電荷密度, }V\text{は閉曲面 }S\text{の内部})$$

ガウスの定理という数学公式を使うと、次のような微分形になる。

$$\mathrm{div}\boldsymbol{D} = \rho \quad (3)$$

なお、(3)は微分方程式であるが、これを解くと、$\boldsymbol{D}$が$1/r^2$に比例するというクーロンの法則に従う解が得られる。すなわち、ガウスの法則はクーロンの法則を力線または電場の量を用いて表したものにほかならない。

次に磁気については、既にファラデーによって明かにされたように、電気の場合の電荷に相当した、磁力線が出たり入ったりする磁極というものは存在しない。磁極と思っていた所は、磁力線が密集して通過する場所にすぎない。すなわち、磁力線は空間を走り回っているだけで、ある点から発生したり、ある点で終ったりすることはない。したがって、任意の閉曲面を考えると、入ったものはみな出ていき、差し引きの出ていく磁束線は、どのような閉曲面を考えてもつねに0である。

以上のことをまとめると、磁場については次のようになり、(磁場についての) ガウスの法則とよばれる。

任意の閉曲面から (差し引き) 出ていく磁束は、つねに0である。

㈲　積分を用いると次のように書ける。

$$\int_S B_n \, dS = 0$$

数学でのガウスの定理により、次の微分形に表される。

$$\mathrm{div}\ \mathbf{B} = 0 \qquad (4)$$

電荷と電流の連続性

アンペールの法則と電場についてのガウスの法則とには、電流と電荷が入っていて、方程式(1)と(3)にそれぞれ、それらの密度iとρが含まれている。

ところで、これらは無関係ではなく、次の関係がつねに成り立っていなければならない。

任意の閉曲面から電流が出たり入ったりすれば、内部でそれだけの電荷が減ったり増えたりする。

これを電荷と電流の連続性という。

㈲　これを式で表わすと次のようになる。

$$\mathrm{div}\ i + \frac{\partial \rho}{\partial t} = 0 \quad \text{（電荷と電流の連続の式）} \qquad (5)$$

電磁気学の完成

マクスウェルの電磁場の方程式　ニュートンの力学で、力学の法則からすべての力学的現象が導かれるように、電磁気の現象について、いくつかの基礎法則からすべての電磁気現象が導かれるような体系を求めようという試みは、アンペール、ガウス、ウェーバー等の頃からいろいろとなされた。しかし、それらは成功せず、そのような体系は、ファラデーの近接作用の考えを基礎にしたマクスウェルによって初めて成し遂げられた。

マクスウェルは、ファラデーの思想を受けつぎ、それをいかに数学的に表現するかということから出発したが、ファラデーの電気磁気の力線でみたされた空間を電磁場とよび、力学的なモデルを用いて電磁場で起こる機構のからみ合いを調べていった。そして結局、次の四つをもとにすることにした。

アンペールの法則(1)

電磁誘導の法則(2)

ガウスの法則(3)、(4)

電磁場は、電束密度$\boldsymbol{D}$、磁束密度$\boldsymbol{B}$によって表わされると考え、この四つの方程式を連立させたものからこれらを求めれば、電磁場の有様がわかり、電磁現象がどのようになるかがわかると考えたのである。すなわち、電磁場こそ電磁現象を起こす根元であるとし、電磁場を求めることによって電磁現象を知るという考えをとったのである。

ところが、この四つを連立方程式系と考えると、時間的に変化する場合に、(1)の式が（時間的変化があっても）そのまま成り立つとすると、これらの式の間に矛盾が起こることに気づいた（注(2)一九〇ページ）。そして、それを解決するために次のことを考案した。

それは、電磁誘導では磁束が時間的に変化すると電流が発生したように、電束が時間的に変化すると、電流が生じてそのまわりに磁場が発生するという考えである。マクスウェルが仮定したこの電流は電束電流とよばれる（マクスウェルは$\boldsymbol{D}$を電気変位とよび、この電流を変位電流とよんでいた）。アンペールの法則で、電流のところにこの電束電流を追加するわけである。アンペールの法則はもともと時間的に変化しない場合のもので、時間的に変化しない場合にはもとのアンペールの法則になり、時間的変化のある場合にアンペールの法則を拡張したことに相当する。

(注)　式でいうと、(1)を次のように変更することである。

$$\mathrm{rot}\,\boldsymbol{H} = \boldsymbol{i} + \frac{\partial \boldsymbol{D}}{\partial t} \qquad (1)'$$

この変更をすると方程式系(1)′(2)(3)(4)(5)に矛盾はなくなることを確かめた。この方程式系を、「電磁場の基本方程式」、または「マクスウェルの方程式」という。

この電束電流は、媒質内で分極がそろって生じたり消えたりするとき、内部的な電荷の移動を、瞬間的な電流として、実在感がないわけではないが、真空内でもこの電束電流を認めるということについては、人々には抵抗があり、マクスウェルの理論は、なかなか一般には受け入れられなかった。

電磁波と光

ファラデーは、全空間に力線が行きわたっていて、力線の振動が伝わるのが光であると考えていた。マクスウェルは、これを電磁場の振動として表現し、さらに、媒質について光の屈折率の値とその媒質の（電気的な性質である）比誘電率の値とが（強磁性体以外では、光の屈折率の値は比誘電率の平方根に等しいという）直接的関係をもっていることから、光を伝える媒質と電磁気作用を伝える媒質とは同じであると考えた。

マクスウェルは、電磁場の基本方程式をたてると、それから、**D**や**B**が、横波が満足すべき微分方程式（波動方程式）を満たすことを示した（注(1)一八八ページ）。そして、その方程式に出てくる係数の値から、その波の伝わる速さをvとして

$$v=1/\sqrt{\varepsilon\mu}$$

という値を得た。真空中での速さとして、$v_0=1/\sqrt{\varepsilon_0\mu_0}$（$\varepsilon_0$は真空の誘電率、$\mu_0$は真空の透磁率）

が得られるが、ε_0、μ_0の値を入れると、v_0の値は、真空中での光の速さの観測値にあう値となった。

また、媒質の(光の)屈折率は$n = v_0/v$で、電磁波だとするとさきの関係から

$n = \sqrt{(\varepsilon/\varepsilon_0)(\mu/\mu_0)}$となるが、磁性体以外では$\mu/\mu_0 \fallingdotseq 1$であるので

$$n \fallingdotseq \sqrt{\varepsilon/\varepsilon_0} \quad (\varepsilon/\varepsilon_0\text{は比誘電率})$$

となる。左辺は光学的に測定された値、右辺は電気的に測定された値であるが、前述のように、両者の値が一致した。

以上より、マクスウェルは光は電磁波であると主張した。これがマクスウェルの光の電磁波説である。マクスウェルの時代には、光以外の電磁波は見つかっていなかったので、電磁波は専ら光を説明するのに用いられた。しかし、マクスウェルの理論には、問題の電束電流の仮定が含まれていたので、これで説明されたとは誰も思わなかった。マクスウェルの死後になって、ヘルツによって電磁波が実験室で発生され、マクスウェルの理論に真実性が生まれるとともに、やがていろいろの波長範囲の電磁波が見出され、自然界の重要な構成要素であることが明らかになった。

(注)　屈折率と誘電率の関係について、その後の測定は次の表のようになっている($\varepsilon_r = \varepsilon/\varepsilon_0$)。表の点線より上の部分では、値がよく一致している。ただし、点線より下ではかなりくい違うので、光の電磁波説への反証とみえた。しかし、次のように問題は解決された。

物　質	$\sqrt{\varepsilon_r}$	n
空　気	1.000295	1.000292
炭酸ガス	1.000494	1.000450
ヘリウム	1.000035	1.000035
パラフィン	1.405	1.422
ベンゼン	1.5112	1.5012
水	8.96	1.3330
メチルアルコール	5.80	1.3290

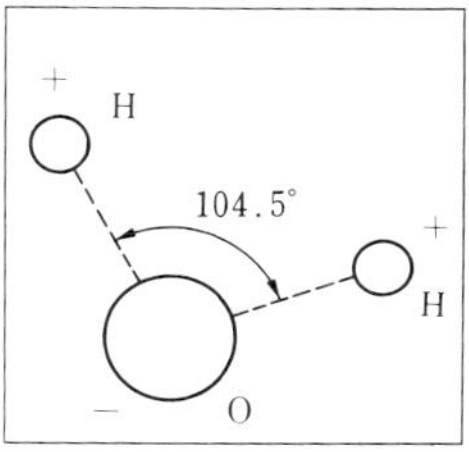

H_2O分子

例えば水の分子は、図のように、H-O-Hと結合し、Oにおいて一〇四・五度の角をなしているが、H原子の電子はO原子のほうに引きつけられてHのある端にはわずかに正電荷が現れ、Oのある端には負電荷が現れて、分子そのものが分極して、端に正と負の電荷が現れている。普段は各分子はまちまちの方向を向いているが、誘電率を測ろうとして一定の電場をかけると、やがて分子の方向がそろい、その結果、誘電率として大きい値が得られる。ところが、光をあてるときは、電磁波の電場が非常に速く振動してその向きが変わるので、分子はそれについて向きを変えることができなくて、分子は動かずに分子内の電荷が動くだけで、このためこの場合の誘電率は、もし測定できれば小さいはずである。これは実際の誘電率の測定の場合とは別の現象であるので、くい違った値になっているのは当然である。このことは、水の場合に限らず、その他の初めから分極した分子についても同様である。

このようにして、くい違いの理由もわかり、それはかえって電磁波説の正しさを示す好例となった。

ヘルツ

電磁波の発生

マクスウェルの死後間もない頃、ヘルツという若い研究者がいた。彼はハンブルグで生れ、土木技術者にでもなろうかと思っていたが、志を立ててベルリンに行き、ヘルムホルツのもとで物理学を学び、その助手になった。

その頃、ヘルムホルツの論文とマクスウェルの理論とに関連した実験的検証が、ベルリンアカデミーから懸賞問題として提出された（一八七九年）が、ヘルムホルツはそれを試みるようにヘルツに奨めた。しかし、ヘルツには、そのとき全く自信がなかった。

やがて、ヘルツは一八八五年に、カールスルーエ高等工業学校の物理学教授になった。その翌年、講義中に、小さいコンデンサーの放電を行うとき、近くに置いた、間隙をもつループ状導線に火花がとぶのを見て、この問題をやってみようと思い立った。

誘導発電機で高電圧をつくって振動放電を行い、間隙のあるループを、いろいろな位置に置いてみたところ、位置とループ間隙の方向とによって火花がとんだりとばなかったりした。その様子から、伝わる方向に垂直な方向の振動が空間に伝わっていることを知った。すなわち横波が発生していたのであるが、さらにそれが直進、反射、屈折、偏りなどの、波としての性質をもつことを確かめた。また、室の一方の壁で反射させると、火花がとぶ所ととばない所があり、これを定常波の腹と節として、波長が9メートルであることを知った。これに、振動回路の振動数をかけるとほぼ光の速さの程度になった。こうして、マクスウェルのいう電磁波が発生していることを確認し、一八八八年に報告した。マクスウェルの死後九年目のことであった。

ここで、このような実験を可能にするような下地が準備されていたということについて、当時の情況を若干補っておこう。

まず、W・トムスンは、一八五五年に、ライデン瓶の放電が振動電流になる可能性について論じ、その振動数を回路の自己誘導系数Lと静電容量Cとから求めていた（$f=1/(2\pi\sqrt{LC})$）。

続いて、ドイツにおいて、フェデルセンが、ライデン瓶の放電電流が振動することを確かめる実験を行い、写真にとった。写真乾板を回転させながら、放電の発光を撮影したところ、一定間隔で断続する写真を得たが、回転乾板の回転数と断続する像の間隔から振動数を計算したところ、ライデン瓶回路の定数L、Cからトムスンの式によって計算した振動数の値とが一致することを知った。

ヘルツの発振装置も、間隔をおいた二つの金属球に高電圧を導き、球の間に火花放電を起こさせるものであったが、その場合のLやCの値から計算すると、フェデルセンの実験の場合の一〇〇倍程度の高い振動数のものであった。ヘルツは、音の振動数と光の振動数の中間に相当したものであると述べていた。

その後、いろいろな波長の電磁波が発生されるようになった。殊に、イタリアで、ヘルツの研究のことを聞いた若いマルコーニは、電磁波を通信に使えないかと考えた。金属棒を垂直に立て、その先端にブリキ缶をつけたものに電気振動を導くと、離れた所にまで振動が伝わり、棒の高さと缶の大きさとを増すと、一キロメートルくらいまで伝わることを知った。こうして、アンテナを発明し、一八九六年に特許をとったマルコーニは、やがて大西洋をもへだてた広い範囲で通信事業を始めた。このように、通信事業が発展するにつれて、電波の研究は急速に進められた。

さらに、X線やγ線が見出されると、それらも電磁波の一種であることが明らかになり、電磁波にはあらゆる波長のものがあることがわかり、その非常に短いある範囲内の波長のものが人の眼に感じられ、それがわれわれの光といっているものであることなどが明らかになった。

マクスウェル理論の確立

前にも述べたようにマクスウェルの存命中には、その電磁場理論は一般の支持が得られず、疑問視する人が多かった。その主な理由は、電束電流、すなわちマクスウェルのいう変位電流にあった。これは、勿論、現実に観測されたことのないものであり、また誘電体内ならばともかく、真空についてもそのようなものを考えることは現実的でないと思われたからであった。

しかし、マクスウェルの理論体系から導かれる電磁波の存在がヘルツによって実証されると、もはやマクスウェルの理論を無視することはできなくなった。そして、この電束電流も考慮に入れて取扱わざるを得ないとして、その電磁理論を認めていこうという人達がでてきた。電束電流といっているところも、式のとおりに、「電場の時間的変化によって磁場が発生する」とすなおに考えればよいのである。そうすると、かえって、「磁場の時間的変化によって電場が発生する」という電磁誘導の法則(2)と対《つい》になって具合がよくなった。

さて、電磁理論を認めると、まず光について、その伝搬、干渉、回折その他の光の現象が、このマクスウェル理論にもとづき、電磁波の式を用いて、説明されるようになり、光波としての性質が次々と解決されていった。

こうして、電気磁気の量子効果を除いたすべての現象がマクスウェルの理論から説明されることがわかってきた。この理論はついに、力学におけるニュートンの理論とともに（量子現象を除いた）物理学を支える二本柱の一つとみなされるようになった。

場の思想の発展

場の考えは、ファラデーとマクスウェルによって、電磁気現象を理解するために、電磁場として導入されたが、この考えはやがて、次々と他の領域にわたっても発展していき、物理学の基礎全体に行きわたるようになった。

重力場　まず、一九一六年に導入された一般相対性理論において、重力場の概念が用いられた。重力のはたらく空間が重力場であるが、そこでは重力の強さに応じて空間が弯曲する。この空間の曲がり方によって重力場の構造が表わされ重力の作用が明らかになる。このようにして、宇宙の構造が表現され、宇宙論へと発展していった。

量子場と粒子・波動の二重性　一九二五年以来量子力学が樹立され、発展していくと、やがて場の考えはその基本となっていった。

それを、その直前（前期量子論の時代）における「粒子・波動の二重性」についてみてみよう。

これは、粒子と思っていたものが波動の性質を現わしたり、波動と思っていたものが粒子の性質を現わすということで、陰極線の波動性や光の粒子性（光子）に現われる。

量子力学が樹立され、やがて全般的に見通した考察がなされるようになった一九三〇年代になると、すべて（電磁場だけでなく電子なども）場として取り扱われ、したがって波としての性質をもつが、（第二量子化という手続きによって）量子性を現わすと粒子のように行動することになる。このようにして、粒子・波動の二重性が場の概念を基礎におくことによって理解されるようになった。その頃から、このような考えを、「量子場の理論」、「場の量子論」、あるいは単に「場の理論」とよぶようになった。

たとえば、光子は電磁場が量子効果によって粒子性を現わしたものである。また、原子核内で核子間に作用する力があるがその力を生む場が量子効果によって粒子性を表わしたのが中間子である。

このように、ファラデーとマクスウェルによって初めて導入された場の思想は、今や物理学の最も基本的な思想となって、その基礎を支えている。

注(1)　電磁波の存在　計算を示しておこう。

(i)　まず数学記号について，$f(x, y, z, t)$ を点 (x, y, z) と時間 t との微分可能な関数とする。$\frac{\partial f}{\partial x}$ は x, y, z, t のうち x だけが変化するときの f の変化率，$\frac{\partial f}{\partial y}$ は y だけが変化するときの変化率，…である。$\boldsymbol{A}$ をベクトルとし，その成分 A_x，A_y，A_z は x, y, z, t の微分可能な関数とする。div$\boldsymbol{A}$ と rot$\boldsymbol{A}$ はそれぞれ次のようなスカラーとベクトルである。

$$\mathrm{div}\boldsymbol{A}=\frac{\partial A_x}{\partial x}+\frac{\partial A_y}{\partial y}+\frac{\partial A_z}{\partial z}$$

$$(\mathrm{rot}\boldsymbol{A})_x=\frac{\partial A_z}{\partial y}-\frac{\partial A_y}{\partial z},\ \cdots$$（x, y, z を循環させた式）

(ii)　さて，計算を簡単にするため，次の場合を考える。ε，μ は一定とし，$\rho=0$，$\boldsymbol{i}=\boldsymbol{0}$ とする。$\boldsymbol{E}$，$\boldsymbol{B}$ の成分 E_x, E_y, E_z; B_x, B_y, B_z は z と t だけの関数とする。$\boldsymbol{B}=\mu\boldsymbol{H}$，$\boldsymbol{D}=\varepsilon\boldsymbol{E}$ を用いて $\boldsymbol{H}$，$\boldsymbol{D}$ を消去すると，(1)′，(2)，(3)，(4)の各式はそれぞれ次のようになる。

$$\frac{\partial B_y}{\partial z}=-\varepsilon\mu\frac{\partial E_x}{\partial t},\quad \frac{\partial B_x}{\partial z}=\varepsilon\mu\frac{\partial E_y}{\partial t},\quad \frac{\partial E_z}{\partial t}=0 \qquad ①$$

$$\frac{\partial E_y}{\partial z}=\frac{\partial B_x}{\partial t},\quad \frac{\partial E_x}{\partial z}=-\frac{\partial B_y}{\partial t},\quad \frac{\partial B_z}{\partial t}=0 \qquad ②$$

$$\frac{\partial E_z}{\partial z} = 0 \quad ③, \qquad \frac{\partial B_z}{\partial z} = 0 \quad ④$$

(iii) ①，②の最後の式と③，④は E_z, B_z が時間的にも空間的にも一定であることを示している。単純にするため，それらが 0 の場合を考える：$E_z = 0$, $B_z = 0$

（その他の式は，**E** と **B** の一方が時間空間的に変化すれば，他方も時間空間的に変化することを示している。）

①の第1式と②の第2式とから，B_y または E_x を消去し，$\varepsilon\mu = 1/c^2$とおくと

$$\frac{\partial^2 E_x}{\partial t^2} = c^2 \frac{\partial^2 E_x}{\partial z^2} \quad ⑤, \qquad \frac{\partial^2 B_y}{\partial t^2} = c^2 \frac{\partial B_y}{\partial z^2} \quad ⑥, \qquad c = \frac{1}{\sqrt{\varepsilon\mu}} \quad ⑦$$

①の第 2 式と②の第1式とから，B_x または E_y を消去すると

$$\frac{\partial^2 E_y}{\partial t^2} = c^2 \frac{\partial^2 E_y}{\partial z^2} \quad ⑧, \qquad \frac{\partial^2 B_x}{\partial t^2} = c^2 \frac{\partial^2 B_x}{\partial z^2} \quad ⑨$$

これらの式は，E_x, E_y, B_x, B_y が z 軸の方向に速さ c で進む波であることを示しているが，例えば正弦波として

$E_x = a_1 \sin(z - ct)$，$E_y = a_2 \sin(z - ct)$

とおいて代入すると，それぞれ⑤，⑧を満足する。

(fを任意とし，$E_x=f(z-ct)$とおいても満足するから，任意の波形が可能である。)

Eや**B**のx，y成分が変動し，z成分が0で，z方向に進むから，横波である。

注(2)　電束電流の導入

(i)　時間的に変化するとき，(1)，(2)，(3)，(4)，(5)が矛盾することを示そう。(1)から

$$\mathrm{div}\ \boldsymbol{i} = \mathrm{div}\ \mathrm{rot}\mathbf{H} = \frac{\partial}{\partial x}(\mathrm{rot}\mathbf{H})_x + \frac{\partial}{\partial y}(\mathrm{rot}\mathbf{H})_y + \frac{\partial}{\partial z}(\mathrm{rot}\mathbf{H})_z$$

$$= \frac{\partial}{\partial x}\left(\frac{\partial H_z}{\partial y} - \frac{\partial H_y}{\partial z}\right) + \frac{\partial}{\partial y}\left(\frac{\partial H_x}{\partial z} - \frac{\partial H_z}{\partial x}\right) + \frac{\partial}{\partial z}\left(\frac{\partial H_y}{\partial x} - \frac{\partial H_x}{\partial y}\right)$$

$$= \frac{\partial^2 H_z}{\partial x\,\partial y} - \frac{\partial^2 H_y}{\partial x\,\partial z} + \frac{\partial^2 H_x}{\partial y\,\partial z} - \frac{\partial^2 H_z}{\partial y\,\partial x} + \frac{\partial^2 H_y}{\partial z\,\partial x} - \frac{\partial^2 H_x}{\partial x\,\partial y} = 0 \quad ⑩$$

電荷と電流の連続の式(5)は

$$\frac{\partial \rho}{\partial t} = 0$$

となり，ρが一定の場合ならよいが，時間的に変化するときは成り立たなくなる。連続性はどのような理論であっても成り立たなければならないものである。

(ii)　(1)を(1)′に変えると(5)がおのずから成り立つことを示そう。

$$\mathrm{div}\boldsymbol{i} + \frac{\partial \rho}{\partial t} = \mathrm{div}\left(\mathrm{rot}\mathbf{H} - \frac{\partial \mathbf{D}}{\partial t}\right) + \frac{\partial \rho}{\partial t}$$

$$= -\mathrm{div}\frac{\partial \mathbf{D}}{\partial t} + \frac{\partial \rho}{\partial t} \qquad \text{(⑩を使った)}$$

$$= -\frac{\partial \mathrm{div}\mathbf{D}}{\partial t} + \frac{\partial \rho}{\partial t} = -\frac{\partial \rho}{\partial t} + \frac{\partial \rho}{\partial t} = 0 \quad \text{(3)を使った。}$$

すなわち，(1)′，(2)，(3)，(4)の場合には連続の式(5)がおのずから成り立っている。

ファラデーとマクスウェルの文通

ファラデーとマクスウェルの間にとり交わされた手紙を、キャンベルとガーネットとの書（文献⑧）に従ってまとめることにしよう。とり交わされたのは、ファラデーからマクスウェルに、ファラデー六十五歳、マクスウェル二十五歳のときの手紙に始まり、最後になったのはマクスウェルからファラデーに、ファラデー七十歳、マクスウェル三十歳のときの手紙であった。

ファラデーからマクスウェルに第一信　マクスウェルは、「ケンブリッジ・フィロソフィカル・ソサイエティ報告」に載った「ファラデーの力線について」という論文を一部ファラデーに送ったが、それを読んだファラデーは、マクスウェルにあてて、次のような手紙を送った。

アルマバール街　一八五七年三月二十五日

拝啓、あなたの論文を受取りました。大変有難うございました。

「力線」について、あなたが言われたことに対して、私が感謝を申し上げる筋合いのものではありますまい。あなたが、御自分の哲学的興味のためにそれをなされたことを知っているからです。しかし、それは私にとって感謝すべき仕事であり、私が考察を進めるのに大変励みを与えられます。私は、初め、あのような数学的な力が主題に対して耐えるようになされているのをみて驚きました。そして、主題がうまく行っているのをみて驚嘆しました。

この郵便で、もう一つの論文をあなたに送ります。あなたがこれについてどう言われるかわかりませんが。しかし、失礼ですが、あなたは恐らくそれに耐える理由を見出されると望んでいます。私はこの夏、磁気作用の生ずる時間、というよりは電流の流れる針金のまわりの電気的緊張状態が起こるための時間について実験したいと思っています。それは、主題に役立つものと思います。時間は恐らく、光の時間のように短いに違いないでしょう。しかし、その結果の大きさは、もし肯定的であれば、私を絶望させないでしょう。多分、それについて何も言わないほうがよいかもしれません。というのは、私の意向を実現するには長い間かかりがちで、失敗することもあるという記憶がありますので。

敬具

M・ファラデー

C・マクスウェル教授殿

ファラデーからマクスウェルに第二信　半年余りたって十一月の初めに、マクスウェルは、力学コマについての論文と色の知覚についての論文を方々に送った。これを受けとったファラデーは、次の手紙に、二つの論文「金（およびその他の金属）と光との関係についての実験」と「力の保存について」とを同封して、マクスウェルに送った。後者の論文が、一八五七年十一月九日付けのマクスウェルからファラデーへの手紙の主題になっている。

アルマバール街　一八五七年十一月七日

拝啓、ただ今読ませてもらったところです。あなたの論文を心から感謝します。私の論文を二つだけ送ろうと思います。あるいは、既に送っているかもしれませんが、チェックできませんので。それで送ることにしましたが、それはあなたの注意をひこうとするためではなく、私の感謝のしるしとしてであり、感謝を表わす最良の方法と思いますので。

敬具

マクスウェルからファラデーに第一信　ファラデーからマクスウェルに送ってきた、「力の保存について」と題する論文は、重力についての従来の考え、すなわち二つの物体の間にはたらく重力はそれらの間の距離の二乗に反比例して変化するという考えに対する反対意見であった。ファラデーは「電気学の実験的研究（四四六ページ）」において「重力のこの考えは、私には、力の保存の原理を完全に無視しているように思われる」と述べ、いろいろと考察をしている。マクスウェルはこの論文に言及して、次のような手紙をファラデーあてに書いた。

アバディーン・ユニオン街一二九　一八五七年十一月九日

拝啓　「金と光の関係について」という論文と「力の保存について」という論文を有難く受領しました。この間の春に、御親切にも後者の論文を一部お送りいただき、私の意見をお尋ねいただきました。

あの問題について、そのときは、私には何も言えませんでしたが、それ以来そのことについていろいろと意見を聞いたり読んだりしているうちに、私の考えを述べやすくなり、自信をもてるようになりました。そして、第一に、よく知られた力の保存という教義を受け入れていない人、それを作用・反作用の相等と関係があると考えている人があることに気がつきませんでした。

（以下、重力を力線によって理解する議論がなされ、重力の法則についてのあなたの不満が実感できないとも書かれているが、これらの部分を省略する。）……それは、「遠達力」の信者によって述べられるとき、非常に違ったものになるでしょう。しかし、形式と考え方の違いだけで、彼等と力線によって力を追求する人との間に、量的または力学的効果の違いはないでしょう。

しかし、重力に関する大きな疑問――それは時間を要するか、それは「宇宙の外」あるいは、その他の何物かに相当するものなのか、電気と何らかの関連をもつものか――に直面するとき、それが彗星か星雲か、室内実験か、意見の真実についての大胆な質問であるか、テストしてみる必要を感じます。

私は、あなたに、重力があなたの方法を適用するのに危険な主体と私は考えないのはなぜかということと、惑星運動におけるラプラスやハミルトンの関数で数学的に表わされる同じ考えをうめこむことによってそれに光を投げかけることができるということを、あなたに示すことを試みただけです。

しかし、電磁気とある力線的効果との間の結びつきに関する疑問があり、それは私には、電気の原理の設立への新しい道と、磁力線の物理的性質の可能な構成を私にひらいてくれるように思われます。W・トムスン教授はこの問題に新しい光明をもっているように思われます。敬具

J・C・マクスウェル

ファラデー教授殿

ファラデーからマクスウェルに第三信　マクスウェルは十一月九日の手紙で重力をファラデーの言葉で表現したはずであるが、ファラデーはこれを完全には認めず、次のような手紙を出した。

アルバート街　一八五七年十一月十三日

（まず、あなたの手紙は大変参考になり、何べんも読みかえし、感謝していることを伝え、概念の設定の違いなどについての議論を述べ、結果的には同じかもしれないが、考え方が違うということも論じているが、この部分を省略する。）

あなたにお伺いしたいことが一つあります。数学者が、物理的作用の研究に従事し、その結果が彼の結論に達したとき、共通の言葉で、数学的公式におけるように完全に、明瞭に、確定的に、表されるものですか。そうであれば、私のようなものにとって、それを表現するのに大きな恩恵ではないでしょうか――私達は、まだ実験によって行わなければならない判じ絵のようなものから翻訳しなければなりません。

私はそうでなければならないと思います。というのは、あなたは常にあなたの結論の完全に明確な結果を私に伝えることができるということを、私は見出しているからです。その結果というのは、あなたのプロセスの各段階の完全な理解は与えないのに、結果を真実以上でもなく以下でもなくそのままに私に与え、したがって私がそれを考え、それから仕事をすることができるほど明確な性格のものです。

もしこれが可能であれば、これらの主題を研究している数学者が、このポプュラーで、有用な作業状態の結果を、彼等自身のもので、彼等にとってポプュラーであるものにおけると同様に、我々に与えるとすれば、大変良いことではないでしょうか。

M・ファラデー

C・マクスウェル教授殿

マクスウェルからファラデーに第二信　二年後、マクスウェルは、アバディーン大学のカレッジの統合によって職を失い、エジンバラ大学のフォーブス教授の後任の職に立候補するとき、ファラデーに推薦を頼み、若干の考察をつけ加えて手紙を出した。

マリシャル・カレッジ・アバディーン　一八五九年十一月三十日

拝啓　私は、J・D・フォーブス教授がセント・アンドリュースに任命されて空席になったエディンバラ大学の自然哲学の席への候補者であります。もし、私が科学に対して払った注意を御存じのところから、私を評議員の注目を得るよう推薦していただければ私には大変有難いし、そのような証明書をいただければ、誠に有難いことであります。

残念ながら、九月には時間がなくて、私があなたに力線の形の説明を書くことができませんでした。しかし、私が、それを借りたW・トムスン教授は、必要なものを全部示したと思います。そして、それらの大ていのものは、鉄のやすりくずでできる形に似ていることから認められます。

観測すべき唯一のものは、これらの曲線が、紙に垂直な長い針金によるものか、横に磁化された長い鉄製リボンの縁の作用によるものかということです。紙に垂直な無限に長い電流または磁極を考えることによって他のどんな場合よりも容易にトレースされる曲線が得られます。一方、その一般的な様子は、普通の実験で得られるものに似ています。

すべての図は、互いに直角な二つの曲線集合をもち、二つの曲線の間の巾は等しく、網目はほぼ正方形になります。もし、一つの系が磁極に属すれば、他方は電流に属し、もし一方の意味がわかれば他方の意味はそれから導かれるでしょう。

敬具

J・C・マクスウェル

M・ファラデー教授殿

マクスウェルからファラデーへ第三信　さらに二年後に、マクスウェルからファラデーに出された手紙があり、これには力学コマ、一般に剛体の回転に関する説明が書かれている。恐らく、ファラデーの質問があり、それに対して書かれたものとされているが、そのファラデーの質問についての資料はどこにも残っていない。

パレス・ガーデン・テラス　八　一八六一年五月二十一日

拝啓　もし、球がある直径のまわりに回わされていると、その直径の回りに永久に回り続けるでしょう。もし、物体が違う形のもので、回転軸が物体の主軸の一つであればその軸のまわりに回り続けるでしょう。

もし、回転軸が物体の主軸でないならば、回転軸は物体内においても空間内においても位置を変えます。

（以下、剛体の回転についての、ポアンソーの理論が、図入りで説明されており、地球の自転について、回転軸が主軸からすこしはずれているために、このような運動が起こって回転軸は星の中ではほとんど一定であるが、地球に対して回転し、そのために緯度が増減を繰りかえすことの説明がなされているが、省略しよう。）

緯度の変化の量は観測によって決定されます。ケーニヒスベルクまたはベルリンの天文家ピーターが一秒の十分の一以内でそれを決定し、約三一二日という周期を決定したと発表したとのことですが、私は今の所これに対して何も言うことはありません。

この運動の説明を実験例によって示したものは、私のエジンバラ紀要に載せた「力学コマについて」という論文があります。そこでは、地球については言及しないで、ポアンソーの回転に関する論文にもとづいて記述してあります。

天文学者ロイヤルは、恐らく、長い一連の観測によってそれをテストすることができたであろうと言っています。私のことについては、この問題に関して誰に話されてもかまいません。私の力学コマはロンドンにあります。いつでもあなたにお見せすることができます。

敬具

J・C・マクスウェル

M・ファラデー教授殿

マクスウェルから
ファラデーに第四信

約半年たって出された次の手紙は、マクスウェルの電磁場についての力学的な考え方に関する魅惑的なものである。この手紙で、「あなた流の見方にあなたを導いたと同じ考えを私が得ることができたかどうか、または私の考えをあなたの名でいう権利を私はもつことができるかどうかを確かめるために」書いたと述べている。ファラデーの答えはあったかどうか不明である。

パレス・ガーデン・テラス　八　　一八六一年十月十九日

拝啓　最近私は、静電誘導論を研究しておりまして、電場内にある空気、ガラス、その他の誘電体の粒子によって演じられる力学的な概念をつくる努力をしています。その最後の結果は「帯電体」の吸引または反発ですが。

私が思いついた構想は、数学的にやったとき非常に興味ある結果を導き、その結果は私の理論をテストすることができ、光学的、電気的、電磁気的現象の間の数値的関係を示すものです。私はそれをもっと完全に証明したいと望んでいます。

私が今確かめたいのは、空気に対して、誘電体の電気誘導に関する容量の測定値が「系列XI」において、あなたの数値以来大きく変更されましたが、それはあなた自身によるものか、それとも他の人によるものかということです。

私は、いろいろな物質、特に透明な物質の「電気容量」の数値を得たいと思っています。与えられた厚さの薄板にし、両側にスズ箔をはったときのものです。W・スノー・ハリス卿はこの種の実験をしました。しかし、私にはそれを数値的に解釈できるかどうかわかりません。

お尋ねしたいもう一つの質問は、結晶体に対して、系列XIV内のものに似た実験がこれまでに、積極的な結果に導かれたものがあるかどうかということです。互いに反対に帯電した二つの面の間にぶら下げたアイスランド・スパー（良劈開性で光沢のある鉱物）の球はその光軸を電場に対して横断するように向くものと期待します。そして、私には、その向くときの力をすぐに計算できると期待しています。なお、私は、誘明物体の場所での磁場の強さの絶対値が与えられているような磁気によって、偏光面がどれだけ回転するかまだ決定できていません。図書館でさがせば、そのような記述を見出すことができるものと希望しています。しかし、多分、あなたは、正しい道に、私を導くことができると思います。私の電気力の理論とは、絶縁体内では、わずかな電気的変位が起こることによって電気力がはたらくようになるというものです。その変位とは、媒質の小さい部分をひずみの状態にし、そのひずみは媒質の弾性から抵抗を受けながら動電力を発生するというものです。球状のセルはそのような変位によって図のようにひずみます。――ここに曲線はもとは直線であったものが、今は曲がっているのです。

球の弾性は、その周囲の電気的物質に作用し、それを下方に押すでしょう。コールラウシュとウェーバーによる、電気の静電的と磁気的の効果の間の数値的関係から、空気という媒質の弾性を決定し、それを光のエーテルと同じであると仮定して、横振動の伝搬速度を決定しました。結果は毎秒一九三、〇八八マイルです（電気磁気的実験から導いたもの）。フィゾーは直接の実験から光速度＝毎秒一九三、一一八マイルを決定しました。

この事情は、単に数値的のものだけではありません。実は、私は、ミリメートルで出してあるウェーバーの値を見るより以前に、田舎で、この公式を計算しました。今や、光のエーテルと電磁気的媒質とは同一であるという私の理論が事実であると信ずる強い理由を得たと思います。

私の理論では、大きな物体の存在によって光の現象と電磁気の現象とが、同じように変形されると想像することにより、（静的）誘導容量は、屈折率の2乗を磁気誘導係数（空気では1）で割ったものになります。

私は磁気渦でみたされた媒質中の光の通過の理論も調べました。そして、偏光面の回転は渦の方向と同じ方向であること、それは波長の逆2乗によって変わること（実験で調べられたように）、そしてその量は渦の直径に比例することを見出しました。

磁気渦の絶対直径、その速度、その密度はまだ全部はわからないけれども、それらの間の新しい関係が発見されればすべてが決定されるようになるでしょう。

そのような関係は、装置が十分に正確であれば、回転電磁石の観測によって得られるでしょう。私はこの目的のために作った装置をもっています。しかし、現象をつくる上で、地球磁気の効果にはうちかっていません。

私は、電気を数学的に研究し始めたとき、遠隔作用力についてのすべての古い伝統を排除し、正しい考え方の第一歩としてあなたの論文を読んだ上で、他のものを解釈しながら読みました。しかし、何ごともこの力から説明したことはありません。電気的緊張状態、隣接部分の作用等のあなたの考えの何かを獲得することができたと考えているのは、先入観なしにできるまでは、電気について何も読まないことにしているからです。そして、あなたに手紙を書く主な目的は、あなた流の考えにあなたを導いたと同じ考えを私が得たかどうか、あるいは考えをあなたの名で呼ぶ資格が私にはないかどうかを確かめたいからです。

敬具

J・C・マクスウェル

M・ファラデー教授殿

この手紙は明らかに、光と電磁波の媒質が同一であるということへの、マクスウェルの完全に力学的なアプローチを示している。

ファラデー・マクスウェル年譜

西暦	ファラデー 年齢	ファラデー 年譜	マクスウェル 年齢	マクスウェル 年譜	参考事項
一七九一	0	9・22 ロンドンのニューイントンで生れる			パリのエコール・ポリテクニク創立
九六	5	ロンドンのヤコブス・ウェルスの家に移る			ジェンナー牛痘接種法発見
一八〇〇					伊能忠敬蝦夷地を測量
〇四	13	リボーの店に雇われる			ナポレオン皇帝即位 カント没
〇五	14	リボーの年季奉公人になる			ドルトンの原子説
〇九	18	ウェマース街の家に移る			ラマルク「動物哲学」
一〇	19	父ジェームス死亡 タタムの講義を聴講			

一八一二	21	デイヴィー公開講演を聴講 年季奉公終了、ド＝ラ＝ロシュの店に移る			ナポレオンのロシア遠征・敗退
一三	22	王立研究所助手に就職 大陸旅行に出発			ナポレオン退位
一四	23				蒸気機関車発明
一五	24	大陸旅行から帰国 王立研究所に復帰			ワーテルローの戦 ブルボン王朝復活
二一	30	サラ＝バーナードと結婚 電磁回転の実験成功			エルステッド電流磁気発見
二三	32	塩素の液化			ナポレオン没
二四	33	王立協会々員になる			
二五	34	王立研究所実験室主任になる ベンゼンを発見 金曜講演を始める			スティヴンソンによる蒸気機関車鉄道開通
二七	36				ベートーヴェン没
二九	38	デイヴィー死亡			
三一	40	電磁誘導の発見	0	6・13エジンバラで生れる グレンレァーの家に移る	ダーウィンのビーグル号出航
三二	41				ゲーテ没

一八三三	42	王立研究所化学教授になる			
三四	43	電気分解の法則発見			
三五	44	自己誘導の発見			
三七	46	静電誘導の研究			ヴィクトリア女王即位
三八	47	真空放電の研究 母マーガレット死亡			米艦浦賀に来航
三九	48	ブライトンで静養			阿片戦争
四一	50	スイスで静養	10	エジンバラ・アカデミーに入る	リヴィングストンのアフリカ探検
四五	54	ファラデー効果の発見 磁性の研究、反磁性体発見			
四六	55	兄ロバート死亡			海王星の発見
四七			16	エジンバラ大学入学	ヘルムホルツのエネルギー保存則
五一	60	磁力線の発想・研究	20	ケンブリッジ大学に入学	
五四			23	ケンブリッジ大学卒業	クリミヤ戦争
五六			25	父ジョン死亡 アバディーン大学教授となる	天気予報始まる
五七			26	ファラデーの力線を研究	

一八五八	67	女王より邸宅を提供	27	キャサリン＝メアリー＝デューアと結婚	プリュッカー真空放電を研究
五九			28	土星の環の研究 気体分子運動論の論文発表	ダーウィン「種の起源」
六〇			29	ロンドン・キングズ・カレッジの教授となる 色の知覚に関する研究	ガルバルディのイタリア統一
六一			30	王立協会会員となる 光の電磁波説を説え出す	南北戦争
六二	71	最後の金曜講演			
六四			33	電磁場の理論をまとめ発表	
六五	74	王立研究所を辞職	34	グレンレァーに隠遁	メンデルの遺伝法則
六七	76	8・25ハンプトンコートで死去	36	イタリア旅行	パリ万国博覧会
六八					明治維新
七〇			39	「熱の理論」出版	
七一			40	ケンブリッジ大学教授になる	普仏戦争
七三			42	「電気磁気論」出版	我国で学制頒布
七四			43	キャヴェンディッシュ研究所開設	

一八七九			48	キャヴェンディッシュ遺稿出版 11・5ケンブリッジで死去	エジソン電球を発明

参考文献

ファラデーに関する文献

① M. Faraday ; *Experimental researches in electricity*（3巻）(1855)

ファラデーが、実験をしたときの考え方や経緯など、うまくいったこともうまくいかなかったことも、日記のようにして、詳しく書きとめてある。これから、ファラデーの研究について詳しく知ることができる。この本は、研究者にとって貴重な書物として、精読された。これから自分の研究の端緒を見付けた人は多く、また、ファラデーが十分な結果を得なかったことを後で繰りかえして成果をあげた人も多い。

② B. Jones ; *The Life and Letters of Faraday*（2巻）(1870)

著者のジョンズは王立研究所の秘書役をしていた人であるが、ファラデーは研究所で生活していて、その資料が散逸しないで研究所内に残っていたので、この人がそのすべての資料を整理することができた。ファラデーに関して最も権威あるものと言える。線がきの絵が入っているのも参考になる。その後、ファラデーに関する書物は数えきれないほど出版されているが、みなこの本をもとにし、同時代に生きたティンダルその他の人によって残された資料や著書を参考にして、それぞれにまとめられたものと言える。

③ J. Tyndall ; *Faraday as a Discoverer* (1868)
（翻訳「発見者ファラデー」矢島祐利）

④ L.P. Williams ; *Michael Faraday-A Biography* (1965)

⑤「電気学の泰斗ファラデーの伝」愛知敬一著（岩波書店）一九二三年
⑥「ファラデーの生涯」スーチン著、小出昭一郎、田村保子訳（東京図書）一九七六年
⑦「ファラデー・マクスウェル・ケルビン」マクドナルド著、原島鮮訳（河出書房新社）一九六八年

マクスウェルに関する文献

⑧ L. Campbell, W. Garnett ; *James Clerk Maxwell* (1882)
キャンベルは、エジンバラで数軒おいた近所に住んでいた中学同級生である親友であり、ガーネットはキャヴェンディッシュ研究所で助手をしていた人である。キャンベルが解説をし、ガーネットが詳しい資料集めをして出来上ったという形になっていて、残ったものについては完璧に整えられている。図や写真もあり、従姉のジマーイマが描いた絵も面白い。マクスウェルの伝記は、みな、この中の手紙その他の資料をもとにし、それぞれの視点から、まとめられていると言える。
⑨ R. T. Glazebrook ; *James Clerk Maxwell & Modern Physics* (1896)
⑩「マクスウェルの生涯」カルツェフ著、早川光雄、金田一真澄訳（東京図書）一九七六年
⑪「ファラデー・マクスウェル・ケルビン」前記

さくいん

【人名】

【事　項】

ファラデーとマクスウェル■人と思想115　　定価はカバーに表示

1993年２月１日　第１刷発行©
2016年８月25日　新装版第１刷発行©

・著　者　……………………………後藤《ごとう》　憲一《けんいち》
・発行者　……………………………渡部　哲治
・印刷所　………………………広研印刷株式会社
・発行所　……………………株式会社　清水書院

〒102-0072　東京都千代田区飯田橋3-11-6
Tel・03(5213)7151～7
振替口座・00130-3-5283
http://www.shimizushoin.co.jp

検印省略
落丁本・乱丁本は
おとりかえします。

Century Books
Printed in Japan
ISBN978-4-389-42115-1

CenturyBooks

清水書院の〝センチュリーブックス〟発刊のことば

近年の科学技術の発達は、まことに目覚ましいものがあります。月世界への旅行も、近い将来のこととして、夢ではなくなりました。しかし、一方、人間性は疎外され、文化も、商品化されようとしていることも、否定できません。

いま、人間性の回復をはかり、先人の遺した偉大な文化を継承して、高貴な精神の城を守り、明日への創造に資することは、今世紀に生きる私たちの、重大な責務であると信じます。

私たちがここに、「センチュリーブックス」を刊行いたしますのは、人間形成期にある学生・生徒の諸君、職場にある若い世代に精神の糧を提供し、この責任の一端を果したいためであります。

ここに読者諸氏の豊かな人間性を讃えつつご愛読を願います。

一九六七年

SHIMIZU SHOIN